がじゅまる通信
No. 45（2006. 8. 31）
「十八の研究」

榕樹書林
沖縄県宜野湾市宜野湾3-2-2
TEL 098-893-4076
FAX 893-6708 〒902-2211

資料紹介

拳友会マメチラシ「空手のすすめ」
第一号　空手の学び方

大日本空手拳友会　発行
原寸　たて13.4㎝×よこ9.4㎝　4頁

本土における沖縄空手の紹介・普及の活動は、船越義珍と摩文仁賢和を主軸に、前者が東京を中心に中央のエリート層を対象とし、後者が関西を中心としつつも東京では船越のラインを外れた部分を対象として展開された様に思える。そして後者のキーマンは、元々ジャーナリストであり、無産者新聞の発行人として治安維持法で投獄され、転向出獄してきた仲宗根源和であった。

仲宗根は当時の空手の大家と等しく交流を保っている様なのだが、最も親しくしていたのは摩文仁賢和であり、昭和初期、ほとんど一心同体の活動を展開していく。この頃の摩文仁の著作の文章は実質的にはほぼ仲宗根の筆になるものとみてよいであろう。

仲宗根源和の空手の単著は昭和十二年刊の『空手の話』（当社より復刻刊行済）が知られているが、ここに紹介する新出資料は『空手の話』の前身と思われる裏表一枚（二つ折で四頁）の小さなチラシである。昭和九年の刊行書の間にはさまれていたことからすればほぼその頃の刊行とみてよいであろう。内容は紹介図版を見て頂ければわかるように空手の簡明な紹介なのだが、発行所の住所は空手研究社興武館の住所東京市下谷区谷中清水町二十番地と同一である。（ちなみに同住所は昭和十二年時点で、昭和十三年刊の『空手道大観』では下谷区上野花園町十五番地となっている。）仲宗根源和の手になるものとみて間違いのないことであろう。

大日本空手拳友會

空手は護身術と健康法と精神修養を兼ねた立派な武道でありますから、全國的に之が普及を徹底させるために大日本空手拳友會が組織され、全國的に同志の連絡をとつて居ります。

貴下も是非此の會に參加して空手の研究をはじめて下さい

拳友會本部（振替東京三九七七三番興武館）

東京市下谷區谷中清水町二〇番地　大日本空手拳友會本部

七七三番興武館宛）に一ケ年分の會費金六拾錢也を振替で送金すれば毎月機關雜誌「拳友」を送つて來ます

獨習者の爲に

空手を獨習したい人には空手道入門と云ふ獨習者用の解りよい本が出來て居ります。定價壹圓八拾錢送料十錢振替東京三九七七三番興武館へ御注文下さい。

拳友會マメチラシ「空手のすゝめ」第一號　大日本空手拳友會本部發行

空手の學び方

空手は理想的健康法であり、又理想的護身術であります。

空手は一人で行ふ型といふものがありまして、之を練習すれば血液の循環が適度によくなつて血管硬化を豫防し且つ内臟諸機關の機能を調節して不老長壽の健康を確保することが、現代醫學からも證明せられて、空手大家が皆八十歳以上の天壽を

古稀の型の手空

完ふせられた事實が之を證明して居ります。

空手の型を稽古するには道具も要らず、場所は何處でも出來、僅か時間に行へでも男でも女でも稽古が出來ます。身體に無理がない運動ですから、老人でも子供でも男でも女でも稽古が出來ます。

組手（その一）
組手（その二）
組手（その三）

空手を稽古するには型を一人で練習し、相手があれば組手を研究します。空手は武術としては、武器なくして攻擊防禦共に自在に何時何處でも間に合ふ理想的の護身術であります。斯くの如く空手は理想的健康法にして理想的護身術でありますから、陸海軍將星も非常に之を獎勵されるし、各大學では空手部を設けて盛んに稽古して居ります。又此頃には全國的に空手研究者が非常に多くなつて來ました。

大日本空手拳友會なるものが實體として存在したのかどうか、第一号とあるが第二号以降の發行があるのかどうか、興味深いものがあるが空手普及にかけた情熱は傳わってくるのではないだろうか。（武）

「空手研究」掲載「十八の研究」　誤植訂正

★ 33頁一行　右行→左行
★ 42頁四行　左足→右足
★ 48頁四行　左足→右足
★ 58頁六行　右手→左手
★ 60頁と61頁の写真入れ替え

独言雑話

空手本のことなど

武石和実

久方ぶりで空手本を復刻刊行した。以前刊行し、品切となっていた『琉球拳法　唐手』及び『攻防拳法　空手道入門』を並製普及版という形で再版するとともに、一ヶ月遅れで摩文仁賢和の『攻防自在空手拳法　十八の研究』及び『攻防自在　護身術空手拳法』の二著を刊行した。この二著は摩文仁賢和の著作の中でも入手が極めて困難な本であり、四半世紀にわたる古書業の中でも入手できず、結局コレクターである神奈川のK氏・名古屋のI氏から借用しての復刻となったものである。この場をかりて感謝の意を表したい。

今回の復刻刊行によって、他の出版社からのものもあわせると、戦前に刊行された空手本の主だったものはほぼ陽の目をみたといっていい。その点では研究資料の提供という古書店としての役割を出版という形で結実させたものとして相応の役割を果したものと自負している。

それにしても空手の古書の入手は本当にむずかしい。もの自体がなかなか市場にでてこないし、又、でてきたらそれはそれで価格が高騰し、手が出ないことも多い。理由のひとつは、その所持者が自身の空手理解の為の虎の巻としていることが多く、他者には所蔵していること自体を秘する傾向があるということによると思われる。死蔵されてい

護身術空手拳法　初版本書影
原寸15・2㎝×9・3㎝

るというわけではないが、入手して読んでみると後の人の著作にほとんど勝手気儘に盗用されている例も少なくない。「どうせ他の人はもっていないだろうから知られることもないだろう」とでも思っているのだろうかと暗然たる思いがすることもある。

戦前の空手本は、単行書はほぼ把握できているが、明確でないのが雑誌あるいは会報の類で、松濤会の会報、あるいは、慶応大学唐手部の「拳」等がそれである。「拳」は慶応大学図書館に全巻所蔵されていると聞くのでいつかみてみたいものである。

最近は空手も学術的研究対象となってきた様で船越義珍や摩文仁賢和の著作も分析の対象となりつつあり、大学紀要に掲載された幾つかの論稿も当社宛おくられてきている。喜ばしい限りである。

これまで、なかなか自身の空手術を公開しようとしなかった沖縄県内の空手家も、最近では進んで型を公開したり、分析した本を出す様になってきた。最後に残された一子相伝の流派とさえいわれたかの劉衛流でさえ、形を集成した本を出したほどである。空手道の辞典の編集も進んでいるという。大きく時代が動いているということを感じざるを得ない。

全日本空手道研修会宗師範で、戦後の日本空手道の生き字引ともいえる金城裕先生が、昨年その蔵書の全てを沖縄県立図書館に寄贈された。これによって沖縄県立図書館は空手関係の蔵書・資料を一挙に拡大させ、おそらくは日本でも有数の空手本のコレクションを収蔵することとなった。筆者も何度か金城先生の蔵書を拝見し、又、復刻の為に資料提供して頂いたが、興味深い資料が多数含まれている。中には金城先生でなければ所蔵しえなかった様なものも少なくない。今回の寄贈を契機に県内における空手研究の進展に期待したい。

十八の研究　初版本書影
函・本体とも同一デザイン　原寸19・8㎝×13・3㎝

師範　摩文仁賢和　著
津波　清　解説

攻防自在
空手拳法

十八《セーパイ》の研究

附・秘書「武備誌」

琉球國　榕樹書林

前列右・小西康裕氏　中央・本部朝基氏　左・著者

（構へ方）

（受け方）

（拂ひ受けの姿勢）

（鈎手の構へ）

序にかへて

著者

何《な》に事も打ちわすれたり
ひたすらに
武の島さして
漕《こ》ぐがたのしき

空手拳法の歌

法曹空手團會長
辯護士　松本靜史　作

一、碧空《あをぞら》たかき芙蓉峰《ふようほう》
　清《きよ》き姿《すがた》のそれの如《ごと》
わが神洲《しんしう》の大丈夫《ますらを》が
　雄叫《をさけ》びなして揮《ふる》ふ拳《けん》
鳴《な》るくろがねのその腕《うで》に
　櫻吹雪《さくらふぶき》ぞちりかかる。

二、南風《なんぷう》薫《かを》る若草《わかくさ》の
　みどりの丘《をか》に撫子《なでしこ》と

色《いろ》を競《きそ》へる手弱女《たをやめ》も
防護《ばうご》のために起《た》つときぞ
一拳《けん》たかく搏《う》ちひびき
膺懲《ようちよう》の意氣《いき》に燃《も》ゆるなり。

三、春朝月《はるあさつき》の影《かげ》ふみて
冬夕星《ふゆゆふづゝ》の冴《さ》ゆるまで
鍛《きた》へにきたへいそしみて
龍攘虎揮《りうじやうこき》の早《はや》わざを
事《こと》あるときぞ眼《め》に見《み》せん
そこに我等《われら》の誇《ほこ》りあり。

――をはり――

兵法の實の道

宮本武藏

世《せ》の中《なか》に兵法《へいはふ》の道《みち》をならひても、實《じつ》の時《とき》の役《やく》にはたつまじきと思《おも》ふ心《こゝろ》あるべし、其儀《そのぎ》に於《おい》ては、何時《いつ》にても役《やく》に立《た》つやうに稽古《けいこ》し、萬事《ばんじ》に行《おこな》ひ役《やく》に立《た》つ様《やう》に當《あた》る事《こと》、是《これ》兵法《へいはふ》の實《じつ》の道《みち》也《なり》。

（「五輪之書」地の巻より）

攻防自在 空手拳法 十八の研究

目次

参考資料記載に就いて

第一章　空手の豫備運動

我《わ》が流派《りうは》に於《おい》ては必《かなら》ず、基本型《きほんがた》や開手型《かいしゆがた》を行《おこな》ふ前《まへ》に豫備運動《よびうんどう》を行《おこな》ふ。故《ゆゑ》に拙著《せつちよ》「攻防自在護身《こうはうじざいごしん》術空手拳法《じゆつからてけんぱふ》」にも既《すで》に、豫備運動《よびうんどう》の事《こと》を記載《きさい》いたせしが、再《ふたゝ》び之《こ》れを書《か》くことにする。即《すなは》ち豫備運動《よびうんどう》は筋肉《きんにく》其《そ》の他各部關節《たかくぶくわんせつ》の柔軟《じうなん》を圖《はか》り、兼《かね》て其《そ》の強靱性《きやうじんせい》と耐久力《たいきうりよく》を養成《やうせい》せしめ、すべての型《かた》を習《なら》ふ場合《ばあひ》に非常《ひじやう》に習得《しふとく》しやすく、便利《べんり》なるが爲《た》めである。

A　脚の運動

イ、姿勢《しせい》は直立不動《ちよくりつふどう》の姿勢《しせい》にて兩手《りやうて》を腰《こし》に取《と》り、兩足《りやうあし》は八字立《じだち》に開《ひら》き、顎《あご》を引《ひ》き付《つ》け、初《はじ》め右足《みぎあし》を指先《ゆびさき》に力《ちから》を入《い》れ、踵《かと》を上《あ》げ、之《こ》れを靜《しづ》かに下《おろ》して元《もと》の位置《ゐち》になし、左右交《さいうかは》る交《がは》る行《おこな》ふ事數回《ことすうくわい》。

ロ、兩足《りやうあし》の指先《ゆびさき》に力《ちから》を入《い》れて、同時《どうじ》に踵《かと》を上《あ》げて元《もと》の位置《ゐち》となし、之《これ》を行《おこな》ふ事數回《ことすうくわい》。

ハ、姿勢《しせい》は初《はじ》めと同《おな》じ。兩踵《りやうかゝと》に力《ちから》を入《い》れ、胸《むね》を開《ひら》き、足《あし》の指先《ゆびさき》を上《うへ》に向《む》けて、靜《しづ》かに元《もと》の位置《ゐち》になし、之《こ》れを繰《く》り返《かへ》して行《おこな》ふ事《こと》數回《すうくわい》。

ニ、兩足《りやうあし》を廣《ひろ》く開《ひら》き、左足《ひだりあし》を曲《ま》げて、右足《みぎあし》を眞直《まつすぐ》に延《の》ばし、左手掌《ひだりてのひら》は左足《ひだりあし》の膝頭《ひざがしら》を押《おさ》へ、之《これ》を左《さ》右交《いうかは》る交《がは》る行《おこな》ふ事數回《ことすうくわい》。

ホ、兩足《りやうあし》を引《ひ》き付《つ》けて直立《ちよくりつ》し、腰《こし》を前《まへ》に曲《ま》げて、兩手《りやうて》は膝《ひざ》の上《うへ》に置《お》き、其《そ》のまゝ座《ざ》する如《ごと》くしては立《た》ち立《た》ちして、之《こ》れを行《おこな》ふ事數回《ことすうくわい》。

へ、兩足《りやうあし》を交《かは》る交《がは》る前《まへ》に出《だ》して、足《あし》さき(足首《あしくび》)をかるく廻《まは》す事數回《ことすうくわい》。

B 首の運動

イ、姿勢《しせい》は直立不動《ちよくりつふどう》にて、兩手《りやうて》は左右《さいう》の腰《こし》に取《と》り、兩眼《りやうがん》を閉《と》じ、首《くび》は輕《かる》く下《した》に垂《た》れて、左《ひだり》から次《し》第《だい》に上《うへ》に上《うへ》にと右《みぎ》に廻《まは》し、右《みぎ》から又元《またもと》の如《ごと》く次第《しだい》に左《ひだり》に廻《まは》す事《こと》三、四回《くわい》。

ロ、兩眼《りやうがん》を閉《と》じ、兩手《りやうしゆ》は腰《こし》にし、後《うしろ》に腰《こし》を曲《ま》げては靜《しづ》かに元《もと》の位置《ゐち》になし、之《こ》れを行《おこな》ふ事《こと》三、四回《くわい》。

ハ、姿勢《しせい》は前《まへ》と同《おな》じ、兩眼《りやうがん》は大《おほ》きく開《ひら》き、靜《しづ》かに首《くび》を右《みぎ》から左《ひだり》に廻《まは》し、之《こ》れを反對《たんたい》に行《おこな》ふ事《こと》三、四回《くわい》。

C 腰の運動

イ、姿勢《しせい》は兩足《りやうあし》を八字立《じだち》に開《ひら》きて立《た》ち、腰《こし》を前《まへ》に曲《ま》げて兩手《りやうて》は下《した》にさげ、膝《ひざ》は眞直《まつすぐ》になし、兩手《りやうし》にて下《した》に押《おさ》へ付《つ》ける如《ごと》く動《うご》かす事數回《ことすうくわい》。

ロ、姿勢《しせい》は前《まへ》と同《おな》じ、兩手《りやうて》は後《うしろ》に向《む》けて延《の》ばすと同時《どうじ》に、腰《こし》を低《ひく》くして兩足《りやうあし》は四股《こ》になる様《やう》にし、兩膝《りやうひざ》を眞直《まつすぐ》に元《もと》の姿勢《しせい》に立《た》つと同時《どうじ》に、後《うしろ》の兩手《りやうて》を強《つよ》く握《にぎ》りて、兩腋《りやうわき》の處《ところ》に置《お》き、之《こ》れを繰返《くりかへ》して行《おこな》ふ事數回《ことすうくわい》。

ハ、兩手《りやうて》を頭《あたま》の上《うへ》に眞直《まつすぐ》に延《の》ばし、其《そ》のまゝ左右《さいう》に交《かは》る交《がは》る腰《こし》を延《の》ばす事數回《ことすうくわい》。

ニ、立《た》ち方《かた》は前《まへ》と同《おな》じ、兩手《りやうて》は、其《そ》のまゝ下《した》に垂《た》れて、體《からだ》を左右《さいう》に廻《まは》し、兩手《りやうて》は輕《かる》く振《ふ》る様《やう》にする事數回《ことすうくわい》。

(尙空手《なほからて》の補助運動《ほじようんどう》として拳《こぶし》の握《にぎ》り方《かた》と突《つ》き方《かた》、蹴《け》り方《かた》、打《う》ち方《かた》、臂當《ひぢあて》、立《た》ち方《かた》、轉身法《てんしんはふ》、握力增進法等《あくりよくぞうしんはふとう》は拙著《せつちよ》「攻防自在護身術空手拳法《こうはうじざいごしんじゆつからてけんはふ》」に挿繪《さしゑ》を以《もつ》て詳《くは》しく說明《せつめい》したれば、就《つ》きて參照《さんせう》せられたし)

第二章　空手受け方名稱

昔《むかし》から空手《からて》拳法《けんぱふ》の基本型《きほんがた》や、開手型《かいしゆがた》には皆立派《みたりつぱ》な名稱《めいしよう》があるが受《う》け方《かた》に就《つ》いての名稱《めいしよう》がないのが、實《じつ》に遺憾《ゐかん》の至《いた》りである。

私《わたし》は教授上《けうじゆじやう》、説明上《せつめいじやう》又《また》は子弟《してい》の受《う》け方《かた》稽古上《けいこじやう》、便利《べんり》なるが爲《た》めに、左《さ》の通《とほ》り受《う》け方名稱《かためいしよう》をつけた。——

A　受け方名稱

上段受《じやうだんう》け
横《よこ》受《う》け（内《うち》、外《そと》）
横《よこ》打《う》ち（内《うち》、外《そと》）
繰《く》り受《う》け（内《うち》、外《そと》）

打《う》ち落《おと》し（内《うち》、外《そと》）
裏《うら》受《う》け（内《うち》、外《そと》）
手刀《しゆたう》受《う》け（内《うち》、外《そと》）
拂《はら》ひ受《う》け（内《うち》、外《そと》）
大裏《おほうら》受《う》け（内《うち》、外《そと》）
輪《わ》受《う》け（上段《じやうだん》、中段《ちうだん》、下段《げだん》）
空《から》受《う》け
突《つ》き受《う》け
釣《つり》　手《て》
受《う》け流《なが》し
掬《すく》ひ受《う》け
臂《ひぢ》受《う》け
孤《こ》受《う》け
押《おさ》へ受《う》け

支《さゝ》へ受《う》け

臂支《ちひさゝ》へ受《う》け

關節支《くわんせつさゝ》へ受《う》け

兩手《りやうて》受《う》け

振《ふ》り捨《す》て（足《あし》の受《う》け方《かた》）

掬《すく》ひどめ（足《あし》の受《う》け方《かた》）

拂《はら》ひ受《う》け（足《あし》の受《う》け方《かた》）

膝《ひさ》かへし（足《あし》の受《う》け方《かた》）

さすまた（足《あし》の受《う》け）

逆捨《すて》身《み》（投《な》げ方《かた》）

合掌返《がつしやうがへ》し（投《な》げ方《かた》）

交叉《かうさ》受《う》け（投《な》げ方《かた》）

後《うしろ》投《な》げ

掬《すく》ひ投《な》げ

裏投《うらな》げ

以上《いじやう》の通《とほ》りである。

B 組手に就いて

空手《からて》を分解《ぶんかい》すると、基本型《きほんがた》と開手型《かいしゆがた》、組手《くみて》の三《み》つに分《わか》つ事《こと》が出來《でき》る。

基本型《きほんがた》は空手《からて》の總《すべ》ての基本《きほん》で、目的《もくてき》は身體《からだ》をして定《さだ》められたる姿勢《しせい》を取《と》り、氣息《きそく》の呑吐《どんと》と力《ちから》の入《い》れ拔《ぬ》きを調和《てうわ》させ、而《しか》して堅固《けんこ》なる體格《たいかく》と武道的氣慨《ぶだうてききがい》とを養成《やうせい》せしめる。

開手型《かいしゆがた》は幾何《いくばく》かの攻防《こうばう》の術《じゆつ》が連結《れんけつ》せられたもので、型《かた》を色々《いろ〳〵》の演武線《えんぶせん》を描《ゑが》きて運動《うんどう》をなして居《ゐ》る。その動作《どうさ》は實戰的《じつせんてき》で、術《じゆつ》の目的《もくてき》に適合《てきがふ》する樣《やう》に心氣《しんき》と體力《たいりよく》を有効《いうかう》に運用轉換《うんようてんくわん》せしめる型《かた》である。

組手《くみて》は敵對行爲《てきたいかうゐ》の型《かた》で、柔道《じうだう》のきめの型《かた》と同《おな》じである。組手練習《くみてれんしふ》を三《み》つに分《わか》つ事《こと》が出來《でき》る。

イ、單式組手《たんしきくみて》

ロ、複式組手《ふくしきくみて》

ハ、眞劍組手《しんけんくみて》

此《この》の三《み》つである。單式組手《たんしきくみて》は相手《あひて》が攻撃《こうげき》する場合《ばあひ》、受《う》けて當《あ》てる、と云《い》ふ一撃《げき》の簡單《かんたん》な形《かた》で、複式《ふくしき》は相手《あひて》が攻撃《こうげき》する時《とき》、受《う》けて攻《せ》める、敵《てき》も亦之《またこ》れを受《う》けて防《ふせ》ぐと云《い》ふ形《かた》が之《こ》れである。

眞劍組手《しんけんくみて》は今《いま》までの組手《くみて》稽古《けいこ》と異《こと》つて、實際《じつさい》に打《う》ち込《こ》み、蹴《け》ると云《い》ふ眞劍試合《しんけんしあひ》が之《こ》れである。

C　受け方基本練習法

構《かま》へ方《かた》

双方約《さうはうやく》二尺位《じやくぐらゐ》の距離《きより》に相向《あひむか》つて、共《とも》に左足《ひだりあし》を一歩前《ぽまへ》に出《だ》して構《かま》へる。

甲《かふ》は攻撃《こうげき》ばかり乙《おつ》は受《う》けばかりときめる。

受《う》け方《かた》

初《はじ》め甲《かふ》が右拳《うけん》を以《もつ》て乙《おつ》の水月部《すゐげつぶ》を突《つ》く、乙《おつ》は右手《みぎて》を以《もつ》て其《そ》の手《て》を内横受《うちよこう》けをなす。（圖解參照《づかいさんせう》）

次《つぎ》に乙《おつ》は其《そ》の手《て》を右手《みぎて》を以《もつ》て外横受《そとよこう》けに變《かは》る。

第三《だい》に乙《おつ》は左手《ひだりて》を以《もつ》て、敵《てき》の手《て》を拂《はら》ひ受《うけ》をなして、右拳《うけん》を以《もつ》て甲《かふ》の水月《すゐげつ》に當《あ》てる。

甲《かふ》は乙《おつ》が受《う》けた通《とほ》り、初《はじ》め横内受《よこうちうけ》をなし、第二《だい》に外横受《そとよこうけ》、拂《はら》ひ受《うけ》と云《い》ふ様《やう》に、之《こ》れを双方交《さうはうかは》る交《かは》るに練習《れんしふ》す。之《こ》れは受《う》け方《かた》の練習《れんしふ》ばかりではなく、各自《かくじ》の腕《うで》を強《つよ》くする爲《た》めで、丁度劍道《ちやうどけんだう》の

内横受けの型

ヤートーと同《おな》じで、充分効果《じうぶんかうくわ》がある。
（第《だい》廿七頁《ページ》より第《だい》三十頁《ページ》までの挿繪《さしゑ》を参照《さんせう》して練習《れんしう》せられよ）

外横受けの型

説明《せつめい》第《だい》二十六頁《ページ》参照《さんせう》

拂ひ受けせんとする刹那

說明《せつめい》第《だい》二十六頁《ページ》參照《さんせう》

内拂ひ受

說明《せつめい》第《だい》二十六頁《ページ》參照《さんせう》

第三章　開手型・十八《セーパイ》の型

十八の型第一圖

（一）　構《かま》へ方《かた》。足《あし》は結《むす》び立《た》ちに立《た》ち、左手《ひだりて》は上《うへ》に右手《みぎて》は下《した》に重《かさ》ねて、手掌《しゅしゃう》を睾丸部《かうぐわんぶ》に當《あ》てて、顎《あご》を引《ひ》き付《つ》けて、眼《め》は眞直《まつすぐ》に前方《ぜんはう》を見《み》、肩《かた》をさげて、丹田《たんでん》に氣《き》を沈《しづ》め、足《あし》は上下《じやうげ》引合《ひきあは》す樣《やう》に踏《ふ》み立《た》つ。（型第《かただい》一圖參照《さんせう》）（足《あし》の立《た》ち方《かた》は拙著《せつちよ》「護身術空手《ごしんじゅつからて》拳《けん》法《はふ》」參照《さんせう》）

十八の型第二圖

（二）右足《みぎあし》を一歩後方《こうはう》に退《しりぞ》きながら、體《からだ》を右《みぎ》半身《はんしん》に開《ひら》きつゝ、左手《ひだりて》は開《ひら》いたまゝ下《した》より上《うへ》に向け圓形《ゑんけい》を畫《ゑが》きつつ水月《すゐげつ》の處《ところ》に置《お》き、同時《どうじ》に右手《みぎて》は開《ひら》いたまゝ、右前《みぎまへ》に突《つ》き出《だ》す。其《そ》の時指先《とゆびさ》きを延《の》ばし、甲《かふ》は右《みぎ》、掌《てのひら》は左《ひだり》に向《む》け、足《あし》は四肢《こ》に踏《ふ》み立《た》ち、背《せ》を眞直《まつすぐ》に立《た》つ。（型第《かただい》二圖《づ》）

十八の型第三圖

(三) 左足《ひだりあし》を一歩《ぽ》前進《ぜんしん》しながら、左手《ひだりて》を下《した》に右手《みぎて》を上《うへ》に、合掌《がつしやう》に握《にぎ》り合《あは》せて、脊《せ》を眞直《まつすぐ》に立《た》つ。(型第三圖《かただいづ》)

(四) 右足《みぎあし》を更《さら》に一歩《ぽ》進《すゝ》みながら、合掌《がつしやう》に力《ちから》を入《い》れ、右甲《みぎかふ》を下《した》に左《ひだり》甲《かふ》を上《うへ》にして、其《そ》のまま突《つ》き出《だ》す。(型第三圖《かただいづ》の左《さ》右反對《いうはんたい》の型《かた》)

十八の型第四圖

（五） 足《あし》は其《そ》のまゝ四股《こ》に立《た》つと同時《どうじ》に、腰《こし》を落《おと》し、右臂《みぎひぢ》は下《した》より上《うへ》にはねあげる樣《やう》にして前《まへ》に出《で》し、左臂《ひだりひぢ》は腕は下《した》部《ぶ》に落《おと》す氣持《きも》ちにて下《した》にさげる。（型第《かただい》四圖《づ》）

十八の型第五圖

(六) 左足《ひだりあし》を一歩《ぽ》前進《ぜんしん》しながら腰《こし》をひねり、斜《なゝめ》に體《からだ》を振《ふ》り向《む》くと同《どう》時《じ》に、右足《みぎあし》を曲《ま》げ、左《ひだり》足《あし》を延《のば》し、左手《ひだりて》は水月《すゐげつ》より足部《そくぶ》に向《む》けて手刀《しゆたう》にて打《う》ち落《おと》す氣持《きもち》にて左足《ひだりあし》の處《ところ》に下《さ》げ、右《みぎ》手《て》は掌《てのひら》を下《した》に向《む》け開《ひら》いたまゝ肘《ひぢ》を肩《かた》と並行《へいかう》する樣《やう》に前方《ぜんぱう》に置《お》き、其《そ》の時《とき》掌《てのひら》は水月部《すゐげつぶ》に體《からだ》は右斜《みぎなゝめ》にして前方《ぜんぱう》を見《み》る。(型第五圖《かただいづ》)

十八の型第六圖

（**七**）姿勢《しせい》は其《そ》のまま左手《ひだりて》は開《ひら》いたまま裏受《うらう》けをなす。（型《かた》第《だい》六圖《づ》）

十八の型第七圖

（八）同時《どうじ》に、腰《こし》を前《ぜん》方《ぽう》に向《む》けると同時《どうじ》に、右《みぎ》手刀《しゆたう》にて横《よこ》受《う》けをなし、左手《ひだりて》は掌《てのひら》を前《まへ》に向《む》けて左腋下《ひだりわきした》に置《お》く。
（型《かた》第《だい》七圖《づ》）

十八の型第八圖

（九）右足《みぎあし》にて前方《ぜんぱう》を蹴《け》りあげて（型第八圖《かただいづ》参照《さんせう》）元《もと》の位置《ゐち》に足《あし》を引《ひ》き、同時《どうじ》に腰《こし》を落《おと》して四股《こ》に立《た》ち、左臂當《ひだりひぢあ》てをなして、同時《どうじ》に其《そ》の拳《こぶし》にて裏打《うらうち》ちをなす。其時《そのとき》右拳《みぎけん》は右腰《みぎこし》の處《ところ》に握《にぎ》つたまま構《かま》へる（型第九圖《かただいづ》）

十八の型第九圖

說明《せつめい》は前頁《ぜんページ》參照《さんせう》。

十八の型第十圖

（十）其《そ》のまゝの位置《ゐち》にて、後《うしろ》に振《ふ》りむくと同時《どうじ》に、右足《みぎあし》を前《まへ》に左《ひだり》足《あし》を後《あと》に、猫足立《ねこあしだ》ちの構《かま》へに變《へん》じ、右《う》拳《けん》は下《した》より上《うへ》に圓形《ゑんけい》を畫《ゑが》く様《やう》にして横受《よこう》けをなし、其時《そのとき》左《さ》拳《けん》は右臂《みぎひぢ》の處《ところ》に置《お》く、（型《かた》第《だい》十圖《づ》第《だい》十圖《づ》）

十八の型第十一圖

前頁《ぜんページ》の第《だい》十圖《づ》を正面《しやうめん》より見《み》たる圖《づ》。

十八の型第十二圖

（十一）其《そ》のままの姿《し》勢《せい》（即《すなは》ち第《だい》十圖《づ》の如《ごと》く後向《うしろむ》きの姿《し》勢《せい》）にて、右《みぎ》を開《ひら》いて掌《てのひら》を前方《ぜんぱう》に向《む》く。（型《かた》第《だい》十二圖《づ》但《たゞ》し此圖《このづ》は正面《しやうめん》より見《み》たるもの）

十八の型第十三圖

（十二）左足《ひだりあし》を半間《はんげん》になる氣持《きもち》にて前方《ぜんぱう》へ一歩《ぽ》進《すゝ》めると同時《どうじ》に、左《ひだり》手《て》は下《した》より頭《あたま》の上《うへ》に高《たか》く差《さ》し上《あ》げつゝ、下《した》に落《おと》して、左腰《ひだりこし》の處《ところ》に握《にぎ》つたまま置《お》き、體《からだ》は後方《こうはう》に振《ふ》り向《む》くと共《とも》に腰《こし》をひねる様《やう》に力《ちから》を取《と》り右拳《うけん》は其《そ》のまゝ水月部《すゐげつぶ》より斜《なゝめ》に突《つ》き出《だ》す氣持《きもち》にて、左側《ひだりがは》の處《ところ》におし出《だ》す（型《かた》第《だい》十三圖《づ》）

十八の型第十四圖

（十三）其《そ》のまゝ後方《こうはう》に振《ふ》り向《む》くと同時《どうじ》に、左手《ひだりて》は開《ひら》いたまゝ、顔《かほ》を中心《ちうしん》として下《した》より上《うへ》にあげて・左腋《ひだりわき》の處《ところ》に掌《てのひら》を前《まへ》に向《む》けて構《かま》へ同時《どうじ》に右足《みぎあし》は半圓《はんゑん》を畫《えが》きつつ、左側斜《ひだりがはなゝめ》に一歩《ぽ》進《すゝ》み出《だ》し、右掌《うしやう》にて下《した》より上《うへ》にはねあげる樣《やう》な姿勢《しせい》を取《と》る。（型第《かただい》十四圖《づ》）

十八の型第十五圖

（十四）左掌《さしやう》を下《した》より上《うへ》に圓形《ゑんけい》を畫《えが》く氣持《きもち》にて、左足側《ひだりあしがは》の處《ところ》に拂《はら》ひ受《う》けをなし、其《そ》のままの姿勢《しせい》にて前《まへ》に寄《よ》り足《あし》にて一歩《ほ》進《すゝ》み、右手掌《みぎてのひら》は水月部《すゐげつぶ》の前《まへ》におし當《あ》てる。（型第《かただい》十五圖《づ》）

十八の型第十六圖

（十五）左足《ひだりあし》を一歩《ぽ》進《すゝ》めて四肢《こ》に立《た》ち、右《みぎ》は上《うへ》に左《ひだり》は下《した》にして（掌《てのひら》を向《むか》ひ合《あは》せて）圖《づ》の如《ごと》く姿勢《しせい》を取《と》る。（型第《かただい》十六圖《づ》）

十八の型第十七圖

（十六） 圖《づ》の如《ごと》く兩手《りやうて》を其《そ》のまゝ（開《ひら》いたまゝ）左右《さいう》に開《ひら》くと同時《どうじ》に、左足《ひだりあし》は内側《うちがは》に向《むか》つて拂足《はらひあし》をなし（型第《かただい》十七圖《づ》）、同時《どうじ》に兩中高指《りやうなかたかゆび》拳《けん》にて、下《した》に向《む》けて突《つ》き落《おと》す。（型第《かただい》十八圖《づ》）而《しか》して右足《みぎあし》を一歩《ぽ》後方《こうはう》に退《しり》ぞき、左手《ひだりて》にて拂《はら》ひ受《う》けをなす。右拳《うけん》は腰《こし》に足《あし》は四股《こ》に構《かま》へる。（型第《かただい》十九圖《づ》）

十八の型第十八圖

說明《せつめい》は前頁《ぜんページ》參照《さんせう》。

十八の型第十九圖

說明《せつめい》は第《だい》四十八頁《ページ》參照《さんせう》。

（十七）其《そ》のまゝ眞直《まつすぐ》に立《た》ち、右手掌《みぎてのひら》にて上《うへ》より下《した》に拂《はら》ひ受《う》けをなし、左手掌《ひだりてのひら》は開《ひら》いたまゝ水月《すゐげつ》部《ぶ》に當《あ》て、一歩寄《ぽよ》り足《あし》をなす（第《だい》十四の反對《はんたい》）

（十八）左足《さそく》を一歩《ぽ》進《すゝ》めて四股に立《た》ち（第《だい》十五六の動作《どうさ》と同《おな》じ）、左足《さそく》にて拂《はら》ひ足《あし》をなし、兩手《りやうて》は左右《さいう》に開《ひら》いて、すぐ兩中高指拳《りやうなかだかゆびけん》にて下方《かはう》に向《む》けて突《つ》き、左足《さそく》を後方《こうはう》に一歩退《ぽしりぞ》くと同時《どうじ》に、右手《みぎて》にて拂《はら》ひ受《う》けをなす。（第《だい》十六の動作《どうさ》參照《さんせう》）

（十九）右足《うそく》を前方《ぜんぽう》に一歩出《ぽだ》すと同時《どうじ》に、後方《こうはう》に振《ふ》りむき、猫足立《ねこあしだち》の姿勢《しせい》に取《と》りて左手《ひだりて》にて横受《よこう》けをなし、右手《みぎて》は握《にぎ》つたまゝ額面《ひたいめん》に振《ふ》り突《つ》きをなして構《かま》へる。其《そ》の時兩拳《ときりやうこぶし》は互《たがひ》に指《ゆび》が向《む》き合《あ》ふ樣《やう》に構《かま》へる。

十八の型第二十圖

（二十） 右足《みぎあし》を一歩《ぽ》前《ぜん》進《しん》して、左足《ひだりあし》は外側《そとがは》に圖《づ》の如《ごと》くして、右手《みぎて》にて横受《よこう》けをなし、左拳《さけん》は頭上《づじやう》に置《お》いて構《かま》へる（型第《かただい》二十圖《づ》）

十八の型第二十一圖

（二十一）其《そ》のままの位置《ゐち》にて、體《からだ》を左側《ひだりがは》に振《ふ》り向《む》くと同時《どうじ》に、左《ひだり》手《て》にて掛《か》けて受《う》けをなす氣持《きもち》にて、甲《かふ》を上《うへ》に掌《てのひら》を下《した》に向《む》け、左手《ひだりて》は前《まへ》に少《すこ》し延《の》ばし、右《みぎ》手《て》は甲《かふ》を上《うへ》に掌《てのひら》を下《した》に向《む》け、水月部《すゐげつぶ》の處《ところ》に置《お》きて構《かま》へる（型第《かただい》二十一圖《づ》）

十八の型第二十二圖

（二十二）腰《こし》を少《すこ》しねじる氣《き》持《もち》にて、足《あし》をねじると同時《どうじ》に、左拳《さけん》にて圖《づ》の如《ごと》く足部《そくぶ》に向《む》けて打《う》ち落《おと》す（型第《かただい》二十二圖《づ》）

十八の型第二十三圖

（二十三） 足部《そくぶ》に向《む》けて打《う》ち落《おと》した左拳《さけん》にて敵《てき》の顔面《がんめん》に向《む》けて裏打《うらう》ちをなす（型第《かただい》二十二圖《づ》）

十八の型第二十四圖

（二十四）左拳《さけん》にて裏《うら》打《う》ちをなすと同時《どうじ》に、體《からだ》を敵《てき》の正面《しやうめん》に向《む》け右《みぎ》手《て》にて横受《よこう》けをなし、（型第《かただい》二十四圖《づ》）右足《みぎあし》にて前方《ぜんぱう》を蹴《け》りて（型第《かただい》二十五圖《づ》）元《もと》の位置《ゐち》に足《あし》を引《ひ》き、腰《こし》を落《おと》して四股立《こだち》に構《かま》へ、同時《どうじ》に左拳《さけん》にて敵《てき》の腹部《ふくぶ》を突《つ》く（注意《ちうい》、其《そ》の時《とき》の拳《こぶし》は指《ゆび》を上《うへ》に甲《かふ》を下《した》に向《む》けて突《つ》き、右手《みぎて》は開《ひら》いたまゝ、掌を左側《ひだりがは》に

十八の型第二十五圖

むけて水月部《すゐげつぶ》のところにおき構《かま》へる。

（二十五）左足《さそく》を其《そ》の場《ば》より少《すこ》し前《まへ》に出《だ》すと同時《どうじ》に、體《たい》を右側《うそく》にむけ、右手《みぎて》にて前《まへ》のように掛《か》け手受《てう》けをなす。其《そ》の時左手《ときひだりて》は水月部《すゐげつぶ》の處《ところ》に甲《かふ》を上《うへ》に掌《てのひら》を下《した》にむけて構《かま》へる。

（二十六）前《まへ》の動作《どうさ》のように右拳《うけん》にて、足部《そくぶ》にむけて打《う》ち落《おと》し、同時《どうじ》に其《そ》の拳《こぶし》にて敵《てき》の顔面《がんめん》を裏《うら》打《う》ちし、體《たい》を正面《しやうめん》にむけると同時《どうじ》に、左拳《さけん》にて横受《よこう》けして、左足《さそく》にて蹴《け》り、其《そ》の足《あし》を元《もと》の處《ところ》に引《ひ》き、體《たい》を四股立《こだち》に變《へん》じて、右拳《うけん》にて敵《てき》の腹部《ふくぶ》を突《つ》く。其《そ》の時《とき》の構《かま》へは、右拳《うけん》は指《ゆび》を上《うへ》に、甲《かふ》を下《した》にし、右手《みぎて》は掌《てのひら》を前《まへ》にして、水月部《すゐげつぶ》にあてる。立《た》ち方《かた》は四股立《だち》。

十八の型第二十六圖

（二十七）左足《ひだりあし》を左側《ひだりがは》に一歩《ぽ》退《しりぞ》くと同時《どうじ》に、體《からだ》を猫足立《ねこあしだ》ちに構《かま》へ、兩手《りやうて》は右手《みぎて》を上《うへ》に、左《ひだり》手《て》を下に、圖《づ》の如《ごと》く互《たがひ》に掌《てのひら》をむけあはして構《かま》へる（型第《かただい》二十六圖《づ》）

十八の型第二十七圖

（**二十八**）右足《みぎあし》を一歩《ぽ》後方《こうほう》に引《ひ》くと同時《どうじ》に、兩手《りやうて》は握《にぎ》つて、右《みぎ》は下《した》に、左《ひだり》は上《うへ》になる様《やう》に丁度《ちやうど》ねじまはして引《ひ》く氣持《きもち》にして變《へん》ず（型第《かただい》二十七圖《づ》）

十八の型第二十八圖

（二十九）右《みぎ》の動作《どうさ》ををはると同時《どうじ》に、左手《ひだりて》は開《ひら》いて右拳槌《うけんつゐ》にて左《ひだり》足《あし》の前《まへ》の處《ところ》を打《う》ち、左《ひだり》足《あし》を引《ひ》いて結《むす》び立《た》ちの姿勢《しせい》になり、兩手《りやうて》を合《あは》せて初《はじ》めの構《かま》へとなる
（型第《かただい》二十八圖《づ》）

＝十八の型終り＝

第四章　十八の型分解説明

型《かた》第《だい》一圖《づ》は構《かま》へ方《かた》。

型《かた》第《だい》二圖《づ》の動作《どうさ》は、敵《てき》が我《わ》が水月部《すゐげつぶ》を、右拳《うけん》を以《もつ》て突《つ》き來《く》る場合《ばあひ》の受《う》け方《かた》。

敵《てき》が右拳《うけん》を以《もつ》て、我《わ》が水月部《すゐげつぶ》を突《つ》いて來《く》る時《とき》、我《われ》は左足《さそく》を一歩《ぽ》後方《こうはう》に退《しりぞ》き、同時《どうじ》に我《わ》が左手《ひだりて》にて敵《てき》の拳《こぶし》を上《うへ》より下《した》に向《む》けて拂《はら》ひ落《おと》し、同時《どうじ》に我《わ》が右拳《うけん》にて反對《はんたい》に敵《てき》の水月《すゐげつ》を突《つ》く。

分解第一圖

型《かた》第《だい》三、四圖《づ》の動作《どうさ》は兩手《りやうて》にて敵《てき》が我《わ》が右手《みぎて》首《くび》を取《と》りたる場合《ばあひ》のはずし方《かた》（分解第《ぶんかいだい》一圖《づ》）

分解第二圖

敵《てき》が兩手《りやうて》にて我《わ》が右手首《みぎてくび》を握《にぎ》り取《と》りたる時《とき》、我《わ》が左手《ひだりて》を右手《みぎて》と合《あは》し（型第《かただい》三圖《づ》參照《さんせう》）、其《そ》のまま下《した》より上《うへ》に半圓《はんゑん》を畫《ゑが》く如《ごと》く敵《てき》の兩手《りやうて》（即《すなは》ち握《にぎ》りしまま）を逆《ぎやく》に押《お》し返《かへ》し、分解第《ぶんかいだい》二圖《づ》の如《ごと》く左《ひだり》手刀《しゆたう》を以《もつ》て敵《てき》の面部《めんぶ》を打《う》ち込《こ》む

若《も》し敵《てき》が力《ちから》が强《つよ》くてはづれない場合《ばあひ》には、一旦《たん》逆《ぎやく》にはね返《かへ》したのを、其《そ》のまま腰《こし》を低《ひく》く落《おと》して型第《かただい》四圖《づ》の如《ごと》く右臂《みぎひぢ》にて、敵《てき》の握《にぎ》りし兩手《りやうて》を下《した》より上《うへ》にはねあげる。

分解第三圖

型第《かただい》五六七八九圖《づ》の說明《せつめい》

敵《てき》が右足《みぎあし》を以《もつ》て我《わ》が腹部《ふくぶ》に蹴《け》りあげ、更《さら》に右拳《うけん》を以《もつ》て攻擊《こうげき》する場合《ばあひ》の受《う》け方《かた》。(分解第《ぶんかいだい》三圖《づ》)

型第《かただい》五圖《づ》の動作《どうさ》は、敵《てき》が我《わ》が腹《ふく》部《ぶ》を蹴《け》らんとする時《とき》、我《われ》は體《たい》を斜《なゝめ》に向《む》け、腰《こし》をねじ、同時《どうじ》に左《ひだり》手《て》に圖《づ》の如《ごと》く下《げ》段拂《だんばら》ひ受《う》けをなす。(型第《かただい》五圖《づ》)

敵《てき》が更《さら》に右拳《うけん》を以《もつ》て、我《わ》が水月《すいげつ》部《ぶ》に突《つ》き來《く》る時《とき》は、我《われ》は足《あし》を拂《はら》ふた左手《ひだりて》を以《もつ》て、敵《てき》の拳《こぶし》を裏受《うらうけ》し(型第《かただい》六圖《づ》)、同時《どうじ》に我《わ》が右《みぎ》手刀《しゅたう》を以《もつ》て、敵《てき》の首筋《くびすぢ》を打《う》ち込

分解第四圖

むべし（型第《かただい》七圖《づ》）

倘敵《なほてき》が左拳《さけん》を以《もつ》て、我《われ》に攻撃《こうげき》する場合《ばあひ》は、我《われ》は右手刀《みぎしゆたう》を以《もつ》て、敵《てき》の拳《こぶし》を横《よこ》打ちし、同時《どうじ》に我《わ》が右足《みぎあし》にて敵《てき》の腹部《ふくぶ》を蹴《け》り込《こ》む（型第《かただい》八圖《づ》、分解第《ぶんかいだい》四圖《づ》、同第《どうだい》五圖《づ》）と同時《どうじ》に敵《てき》の水月部《すゐげつぶ》に左《ひだり》肘當《ひぢあて》をなす（型第《かただい》九圖《づ》）

分解第五圖

說明《せつめい》は前《ぜん》頁前《ぜん》照《せう》

分解第六圖

型第《かただい》十、十一、十二、十三圖《づ》の說明《せつめい》。

敵《てき》が右拳《うけん》を以《もつ》て突《つ》いて來《く》る場合《ばあひ》（分解第《ぶんかいだい》六圖《づ》）の逆《ぎやく》の取《と》り方《かた》。

敵《てき》が右拳《うけん》を以《もつ》て、我《わ》が水月《すゐげつ》を目《め》がけて攻撃《こうげき》する時《とき》、我《われ》は左足《ひだりあし》を一歩《ぽ》後方《こうはう》に退《ひ》くと同時《どうじ》に、我《わ》が右腕《みぎうで》にて外横《そとよこ》受《う》けをなし（型第《かただい》十、十一圖《づ》）、其《そ》の受《う》けた右手《みぎて》にて敵《てき》の突《つ》いた手首《てくび》を取《と》る（型第《かただい》十二圖《づ》）と同時《どうじ》に、我《わ》が左足《ひだりあし》を一歩《ぽ》前《まへ》に（敵《てき》の前《まへ》）深《ふか》く進《すゝ》み出《で》ると同時《どうじ》に、我《わ》が左手《ひだりて》にて敵《てき》の手《て》を逆《ぎやく》に取《と》る。（型第《かただい》十三圖《づ》）

圖七第解分

敵《てき》に逆《ぎやく》を取《と》られた時《とき》の受《う》け方《かた》。

分解第《ぶんかいだい》七圖《づ》のように敵《てき》に我《わ》が右《みぎ》腕《うで》を逆《ぎやく》に取《と》られた時《とき》、我《われ》は左手《ひだりて》を以《もつ》て敵《てき》の逆《ぎやく》に取《と》りし臂《ひぢ》の處《ところ》を押《お》すと同時《どうじ》に、我《わ》が右手《みぎて》を引《ひ》き右足《みぎあし》にて敵《てき》の膝頭《ひざがしら》の處《ところ》を蹴《け》りおろし、同時《どうじ》に其《そ》の足《あし》を敵《てき》の前《まへ》に踏《ふ》み入《い》れ、我《わ》が尻《しり》にて敵《てき》の腹部《ふくぶ》をはねあげると敵《てき》は投《な》げ飛《と》ばさる。

分解第八圖

型《かた》第《だい》十四圖《づ》の說明《せつめい》

若《も》し逆《ぎやく》に取《と》りし手《て》を前《まへ》の如《ごと》く受《う》けようとした場合《ばあひ》には如何《いか》にして防《ふせ》ぐか。

逆《ぎやく》に取《と》りし敵《てき》の手《て》を敵《てき》が前《まへ》の方《はう》法《はふ》で以《もつ》て受《う》け様《やう》とした時《とき》、我《われ》は敵《てき》の手《て》首《くび》を握《にぎ》りし手《て》をはなすと同時《どうじ》に、體《たい》を敵《てき》に向《む》けて、右足《みぎあし》を敵《てき》の股《また》の處《ところ》に入《い》れ、同時《どうじ》に我《わ》が右手《みぎて》にて敵《てき》の金的《きんてき》を押《お》し當てて左手《ひだりて》は敵《てき》の胸部《きやうぶ》を押《お》す（型《かた》第《だい》十四圖《づ》、分解《ぶんかい》第《だい》八圖《づ》）

分解第九圖

型《かた》第《だい》十五、十六、十七、十八圖《づ》の說明《せつめい》。

敵《てき》が左拳《さけん》左足《さそく》を以《もつ》て同時《どうじ》に攻擊《こうげき》するのを如何《いか》に防《ふせ》ぐか。

敵《てき》が左拳《さけん》と左足《さそく》を以《もつ》て同時《どうじ》に攻《こう》擊《げき》する時《とき》、我《われ》は少《すこ》し體《たい》を斜《なゝめ》にして、左手《ひだりて》にて敵《てき》の蹴《け》り上《あ》げる足《あし》を拂《はら》ひ取《と》り、我《わ》が右手《みぎて》にて敵《てき》の突《つ》いて來《く》る手《て》をすくい受《う》け（型《かた》第《だい》十五圖《づ》、分解《ぶんかい》第《だい》九圖《づ》參照《さんせう》）同《どう》時《じ》に我《わ》が右足《みぎあし》を一步《ぽ》敵《てき》の後方《こうはう》に踏《ふ》み出《だ》し、敵《てき》の手《て》を押《おさ》へた右手《みぎて》を其《そ》の腋下《わきした》より首《くび》の處《ところ》に差《さ》し入《い》れ我《わ》が右足《みぎあし》にて敵《てき》の足《あし》を拂《はら》ふと

分解第十圖

敵《てき》は倒《たう》れる（型《かた》第《だい》十六、十七圖《づ》分解《ぶんかい》第《だい》十圖《づ》）其時《そのとき》我《われ》は左《さ》右《いう》兩方《りやうはう》の中高《なかだか》一本拳《ぽんけん》にて敵《てき》の金的《きんてき》と水《すゐ》月《げつ》を同時《どうじ》に突《つ》き當《あ》てる（型《けい》第《だい》十八圖《づ》、分解《ぶんかい》第《だい》十一圖《づ》）

分解第十一圖

說明《せつめい》は前《ぜん》頁参照《さんせう》

型第《かただい》二十圖《づ》の分解說明《ぶんかいせつめい》。
敵《てき》が右拳《うけん》を以《もつ》て、我《われ》に攻撃《こうげき》する場合《ばあひ》、我《われ》は體《たい》を少《すこ》し左側《さそく》に變《へん》じ、同時《どうじ》に我《わ》が右手《みぎて》にて敵《てき》の突《つ》き來《く》る腕《うで》の關節部《くわんせつぶ》の處《ところ》を、下《した》より上《うへ》に横受《よこう》けして敵《てき》を押《おさ》へ、同時《どうじ》に左拳《さけん》にて振《ふ》り突《つ》きする。
型第《かただい》二十二、二十三、二十四、二十五、二十六、二十七圖《づ》の分解說明《ぶんかいせつめい》。
敵《てき》が右足《うそく》を以《もつ》て我《わ》が腹部《ふくぶ》目《め》がけて蹴《け》りついて來《く》る時《とき》、我《われ》は型第《かただい》二十二圖《づ》の姿勢《しせい》の如《ごと》く體《たい》を後方《こうはう》にねじつて、我《わ》が左拳《さけん》にて敵《てき》の足《あし》（蹴《け》りついて來《く》る足《あし》）を打《う》ち落《おと》し、同時《どうじ》に其《そ》の左拳《さけん》にて敵《てき》の顔面《がんめん》を裏打《うらうち》し（型第《かただい》二十三圖《づ》參照《さんせう》）、
再《ふたた》び敵《てき》が左拳《さけん》にて我《わ》が水月部《すゐげつぶ》に攻撃《こうげき》する時《とき》は、我《われ》は右手《みぎて》にて（型第《かただい》二十四圖《づ》）の如《ごと》く横受《よこう》けし、
同時《どうじ》に我《わ》が右足《うそく》にて敵《てき》の腹部《ふくぶ》を蹴《け》る（型第《かただい》二十五圖《づ》）
尚《な》ほ引《ひ》き續《つゞ》き敵《てき》が右拳《うけん》にて我《わ》が顔面《がんめん》に攻撃《こうげき》する場合《ばあひ》、我《われ》は右足《うそく》を一歩《ほ》後方《こうはう》に退《ひ》きて、四股立《こだち》に變《へん》じ、我《わ》が左拳《さけん》にて敵《てき》の腹部《ふくぶ》を當《あ》てる。
（型第《かただい》二十七圓《ゑん》、分解第《ぶんかいだい》十二圖《づ》）

分解第十二圖

説明《せつめい》は前《ぜん》頁参照《さんせう》

分解第十三圖

敵《てき》が我《わ》が顔面《がんめん》めがけて突《つ》き來《く》る場合《ばあひ》の逆投《ぎやくな》げ。

敵《てき》が我《わ》が顔面《がんめん》めがけて突《つ》いて來《く》る場合《ばあひ》、我《われ》は右足《みぎあし》を一歩《ぽ》後《あと》に引《ひ》くと同時《どうじ》に、我《わ》が右手《みぎて》にて敵《てき》の突《つ》いて來《く》る手首《てくび》を下《した》より上《うへ》に上《じやう》段《だん》受《う》けをなす（分解第《ぶんかいだい》十三圖《づ》）と同時《どうじ》に、其《そ》の手首《てくび》（右手首《みぎてくび》）を握《にぎ》りて少《すこ》し横《よこ》に押《お》して、敵《てき》の體《たい》を崩《くづ》し、再《ふたゝ》び敵《てき》が左手《ひだりて》を以《もつ》て我《わ》が水月《すゐげつ》に突《つ》いて來《く》る時《とき》、我《われ》は左手《ひだりて》にて下《した》より上《うへ》に掬《すく》ひ受《う》けをなして、敵《てき》の手首《てくび》を握《にぎ》り取《と》る（分《ぶん》解第《かいだい》十四圖《づ》）而《しか》して其《そ》の取《と》りし

分解第十四圖

兩手《りやうて》を、分解第《ぶんかいだい》十五圖《づ》の如《ごと》く上《うへ》より下《した》に向《む》けて逆《ぎやく》に取《と》り、我《わ》か足《あし》を後方《こうはう》に引《ひ》きて倒《たふ》す。
倒《たふ》れた敵《てき》の兩横面《りやうよこつら》を、我《わ》が兩拳《りやうけん》鎚《つい》にて打《う》つ（分解第《ぶんかいだい》十六圖《づ》）。

分解第十五圖

説明《せつめい》は前《ぜん》頁参照《さんせう》

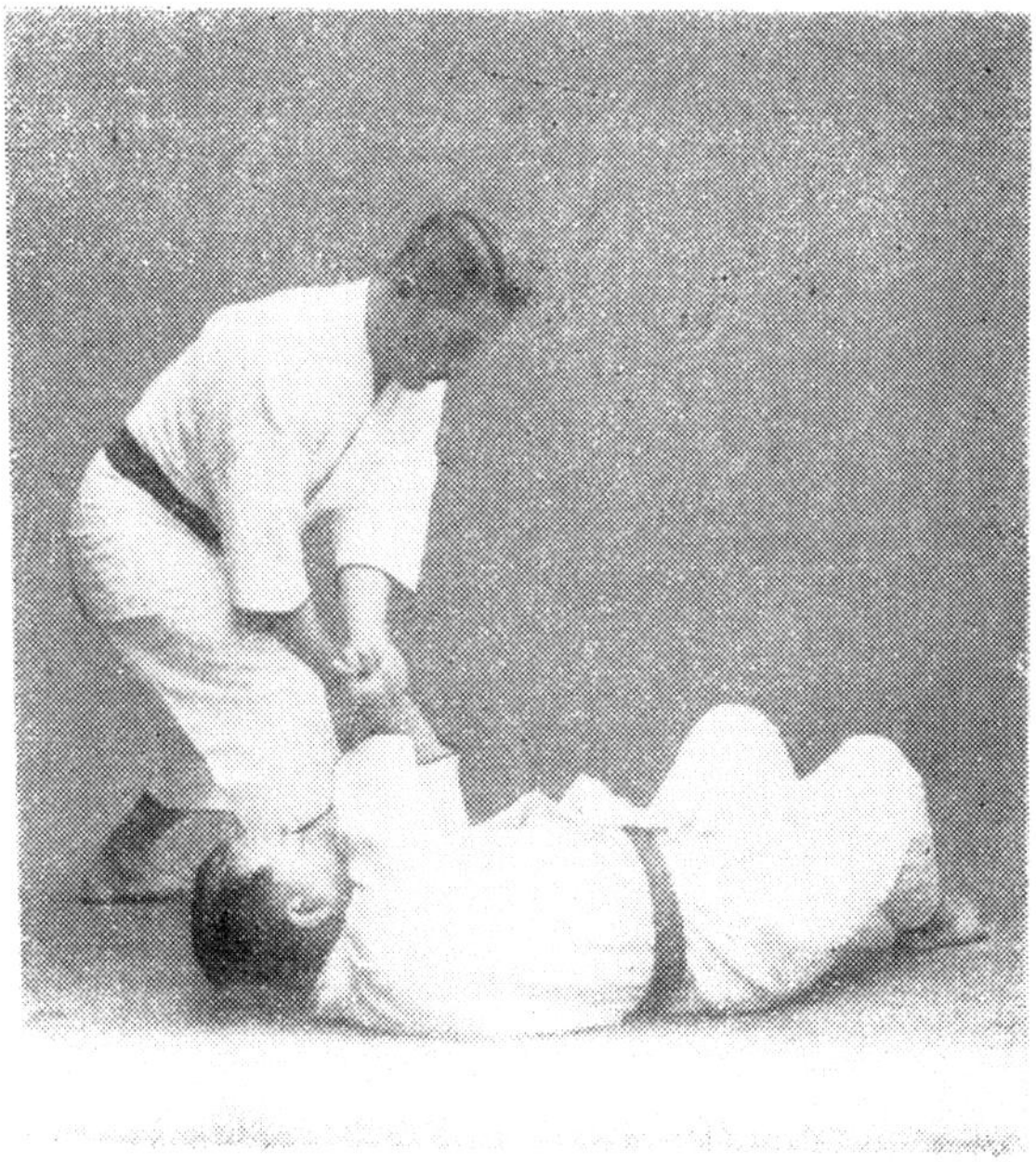

分解第十六圖

説明《せつめい》は第《だい》七十八、九頁參照《さんせう》

附録　武備誌

參考資料記載に就いて

摩文仁賢和

我恩師糸洲先生が支那の武備誌と云ふ拳法の書籍より寫されたものを、拜借して之れを寫し、今まで研究參考の材料として非常に大切に秘密に藏して居たが、友人の勸めもあり、又目下空手拳法の全盛時代、一日として自己一人の私するに忍びず、遂に之れを記載せし所以である。

熱心なる研究者に少しでも益する事が出來れば幸甚の至りである。

六氣手（昭林流）

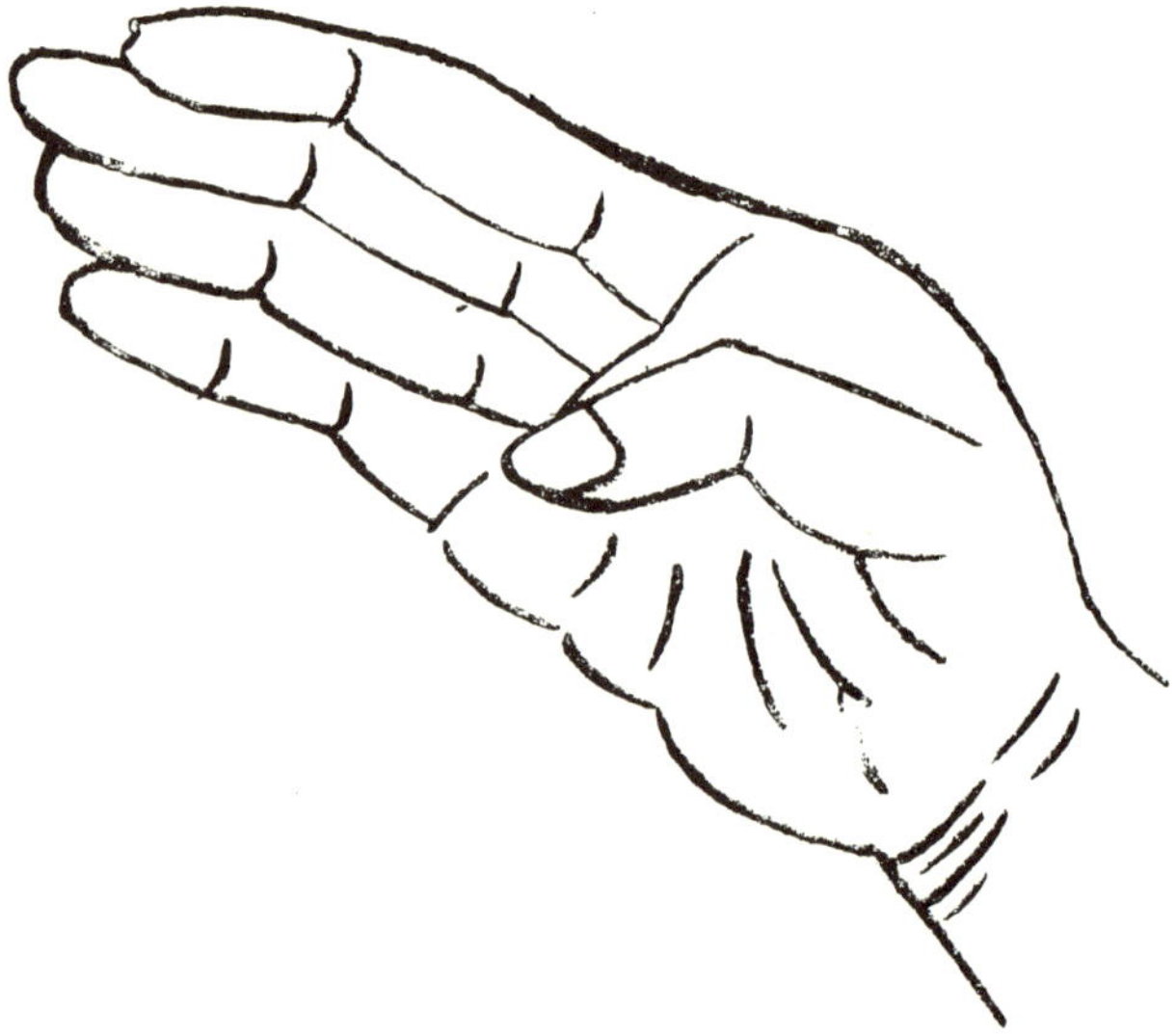

此手名鐵骨手打入人君
須用此手或曰飯前打入
君生吐血飯後打入人君
魄散魂飛

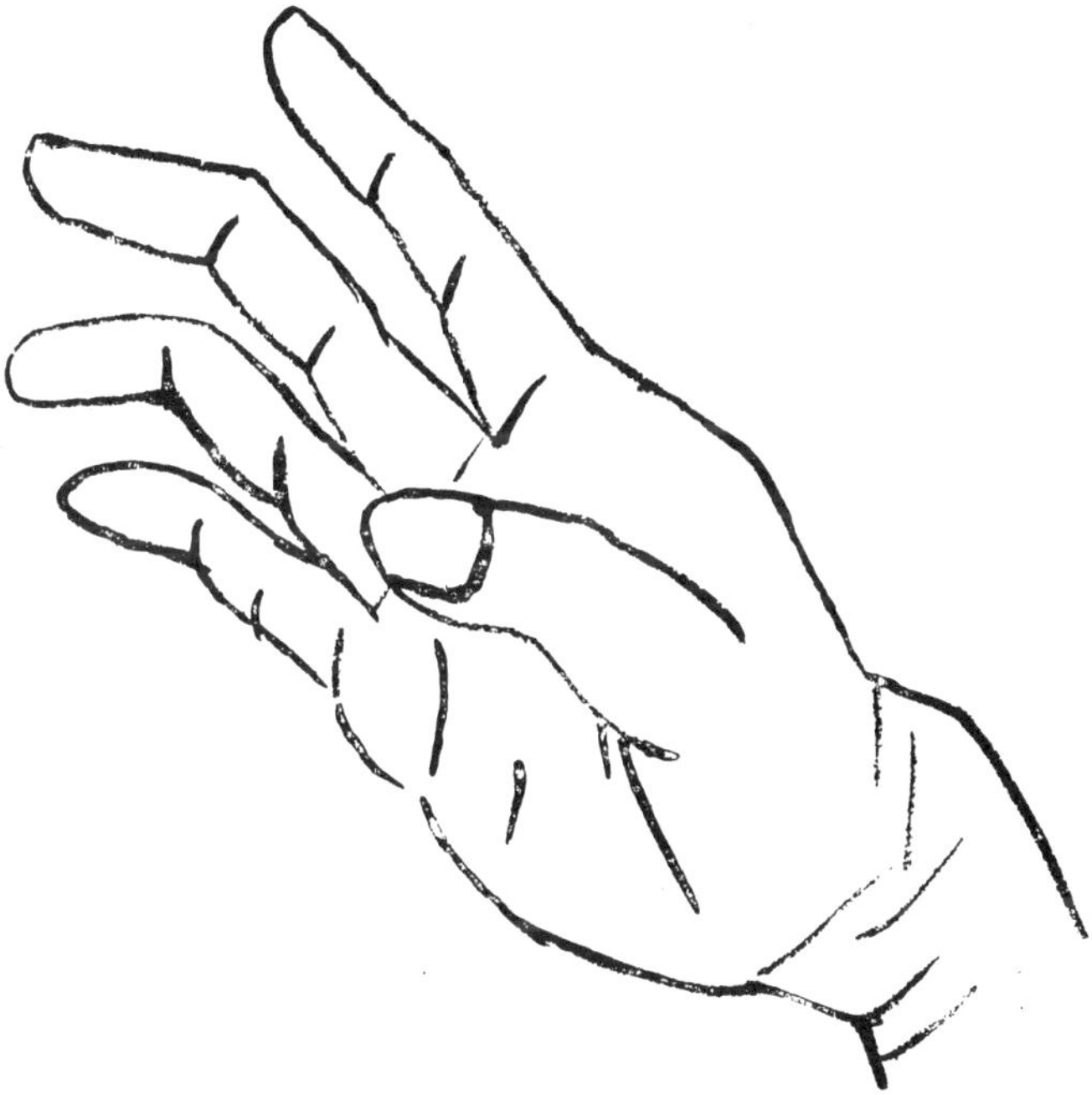

此手名爪子打腮邊並至
圈下用之若打速着藥治
之不醫吐血三人一月而
死矣

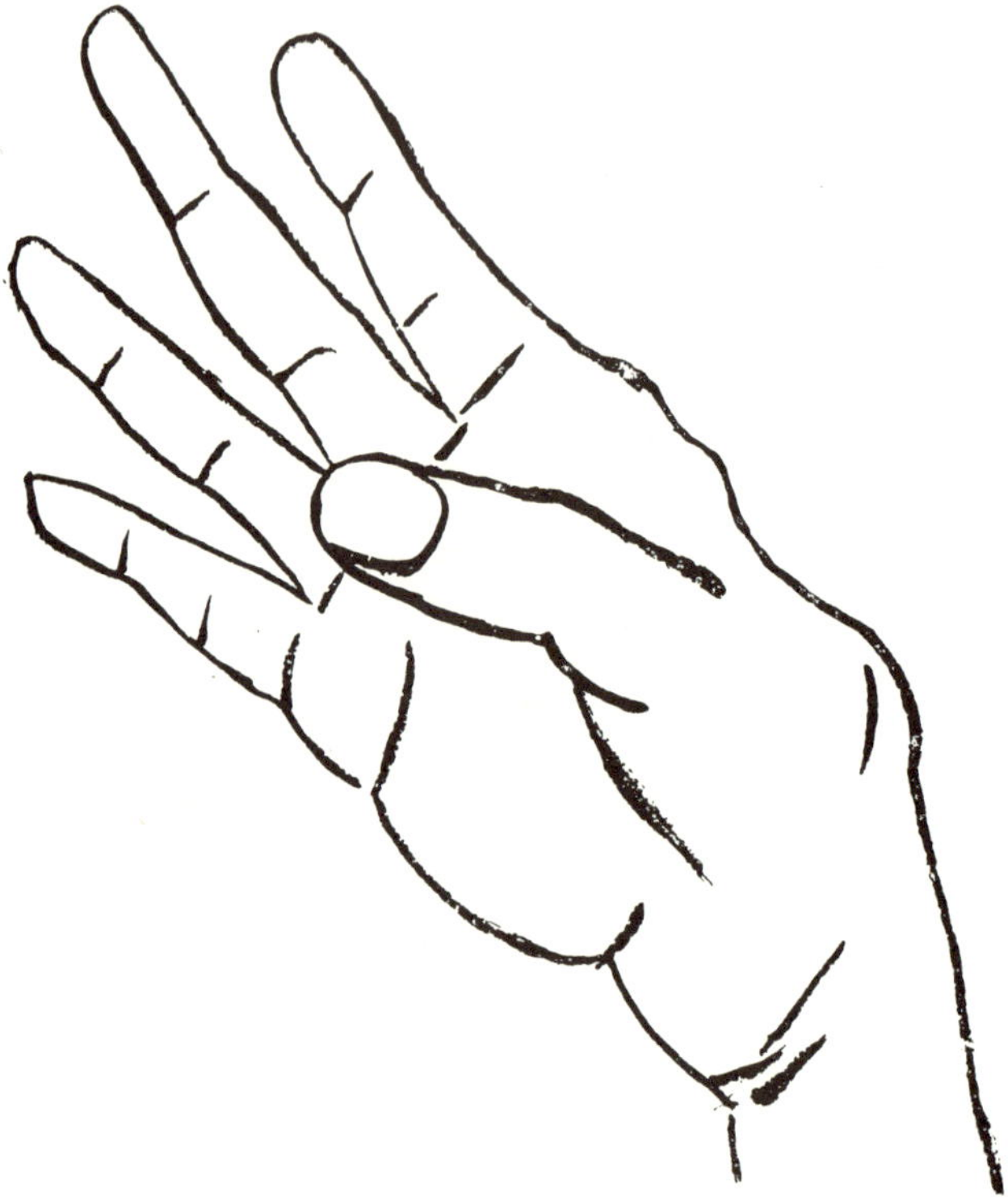

此手名鐵沙手用火煉成打入人後鏡用之若打入肉則爛速藥治之醫則死

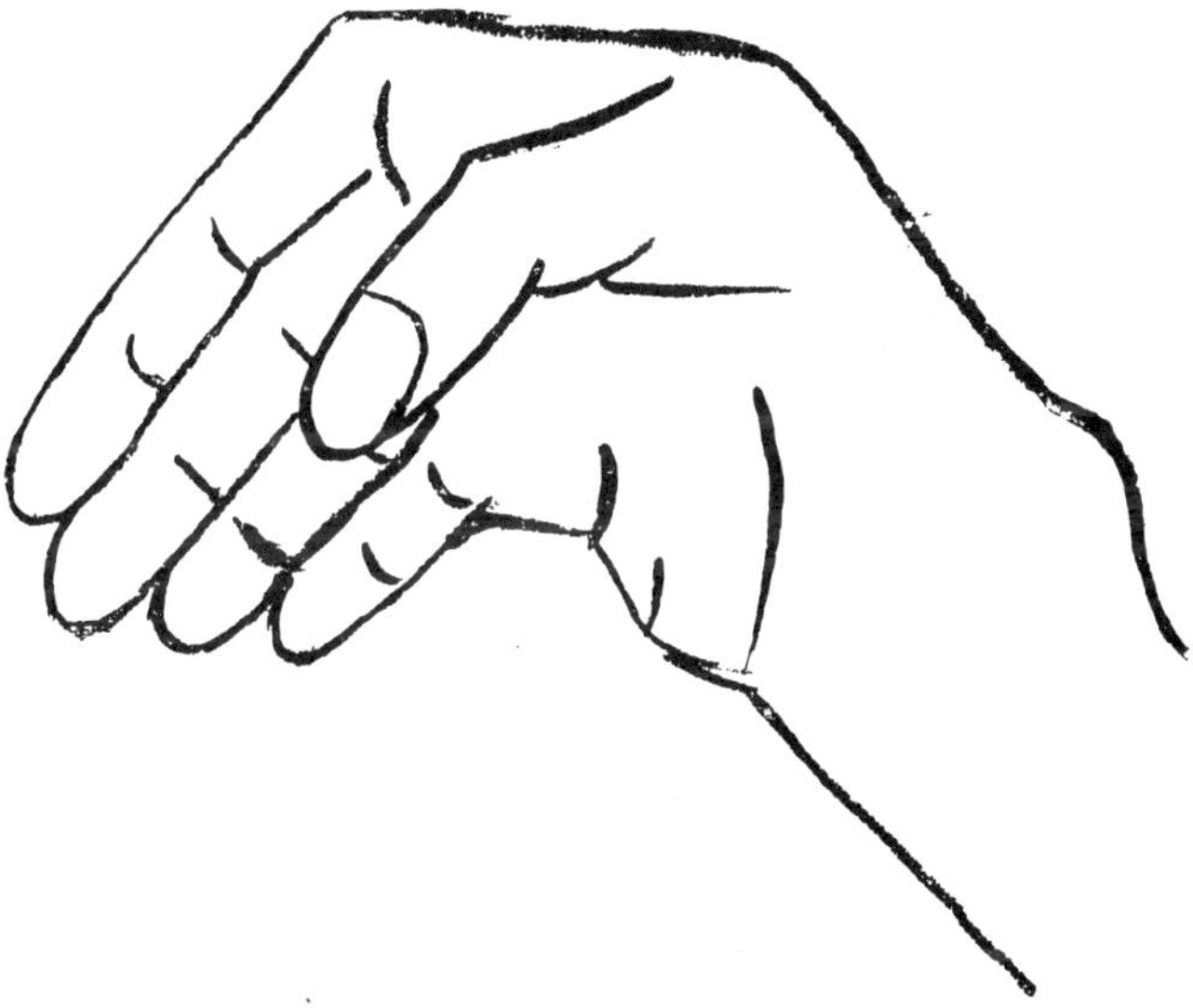

此手名曰撒攬手打入
人首血池用之若打其
人可用姜水救之千萬
不可到垂

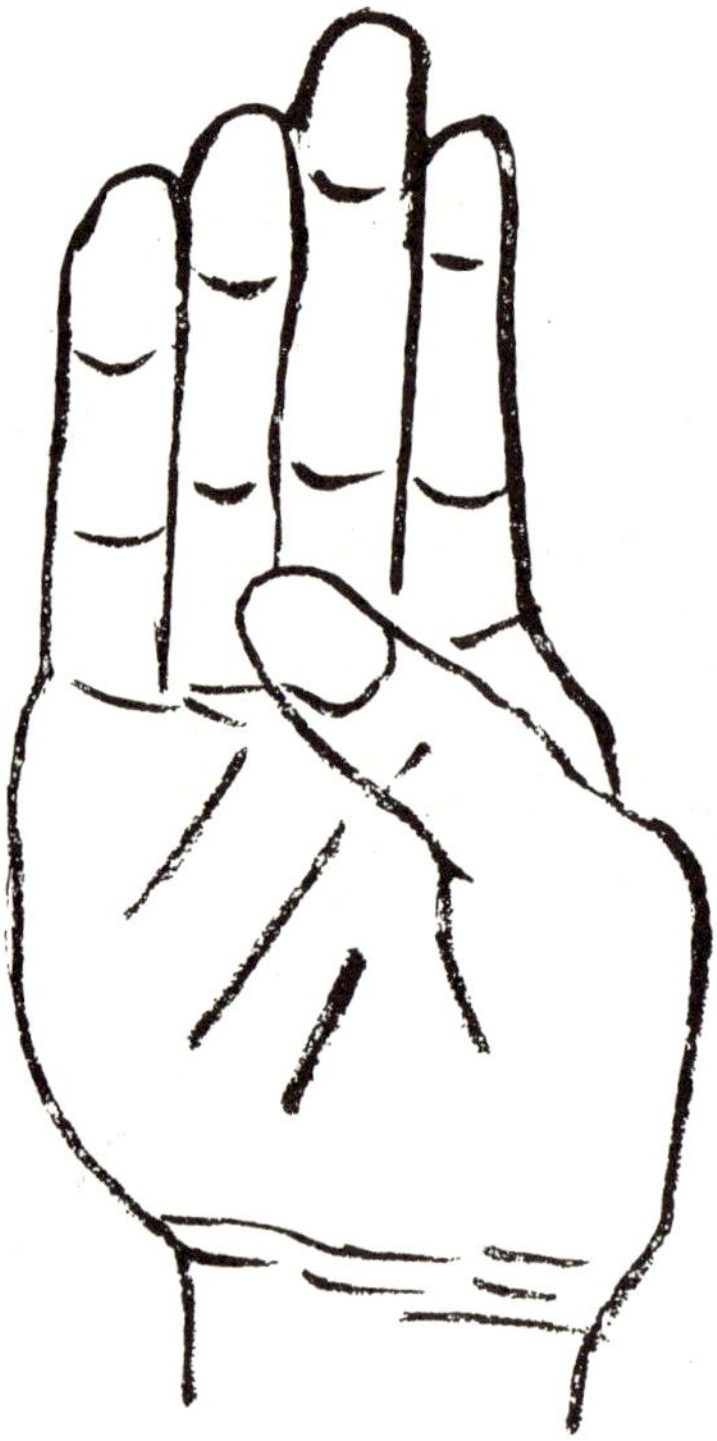

此手名曰向天刀手打入人骨節觔內用之打中不能言速着藥治之不治死

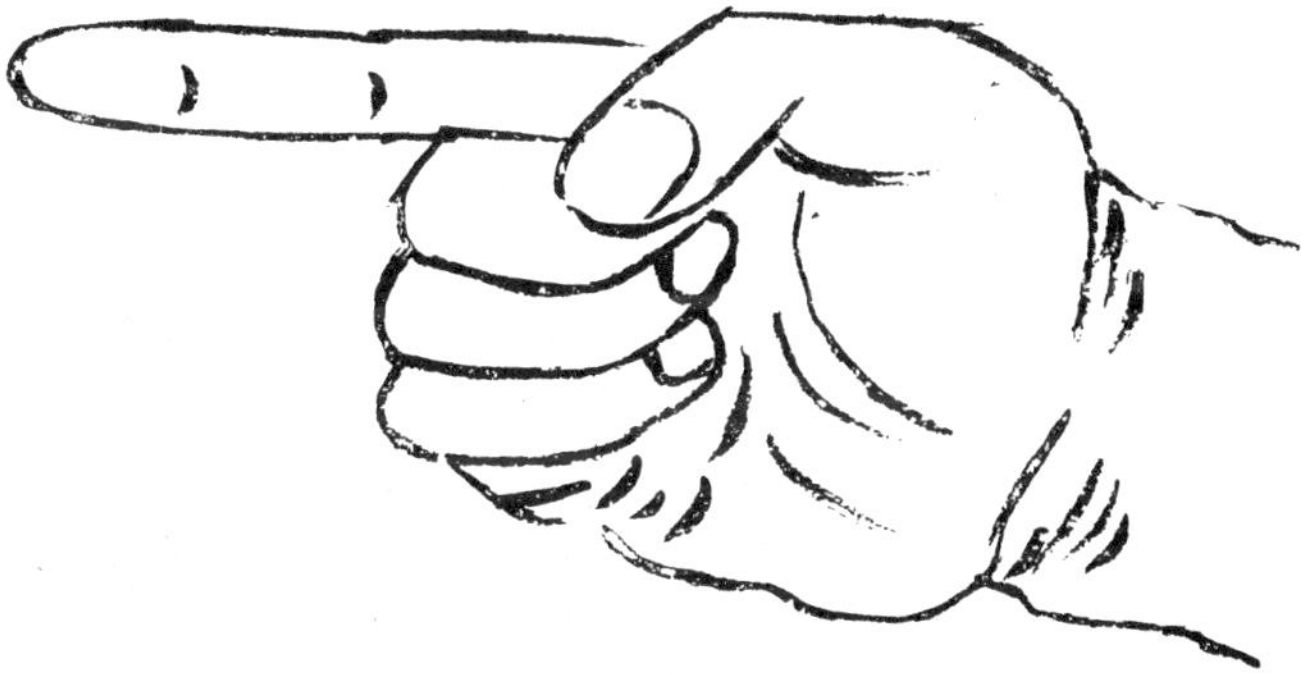

此手名一路草技手打入人腧背骨之用若打着藥治之到久不醫半年必死

解脫法

欲攻東先ッ打西。
髮被摶用巨戟。
我倒地入他驕。
扭我驢捐《スツ》他面。
離吾身、用逆踏。
脚踢高務隨後。
牽吾裙用膝脫。
他ノ勢低勿用足。
取我上、隨他下。
搖步來防他踢。

欲踏前務隨後。
欲打他破天柱。
若抱後天撞後。
殺含泥戟他喉。
右欲損、右先梢《ウス》、
椀吾手用吾梢。
欲踏我、只用撲。
他ノ勢高入於中。
扯我髮用脫甲、
手足相隨方無失。

欲轉身剛柔力。
他倒地頓他勝。
若抱前遇他陰。
臨吾身用吾樟。
脚欲踏手先戟。
搞吾袖用戟樟。
欲踢他須ク用鈎。
取我下戟他上。
鎖吾喉用大砍。

拳足筋骨立様（邵靈寺流）

二

三

四

五

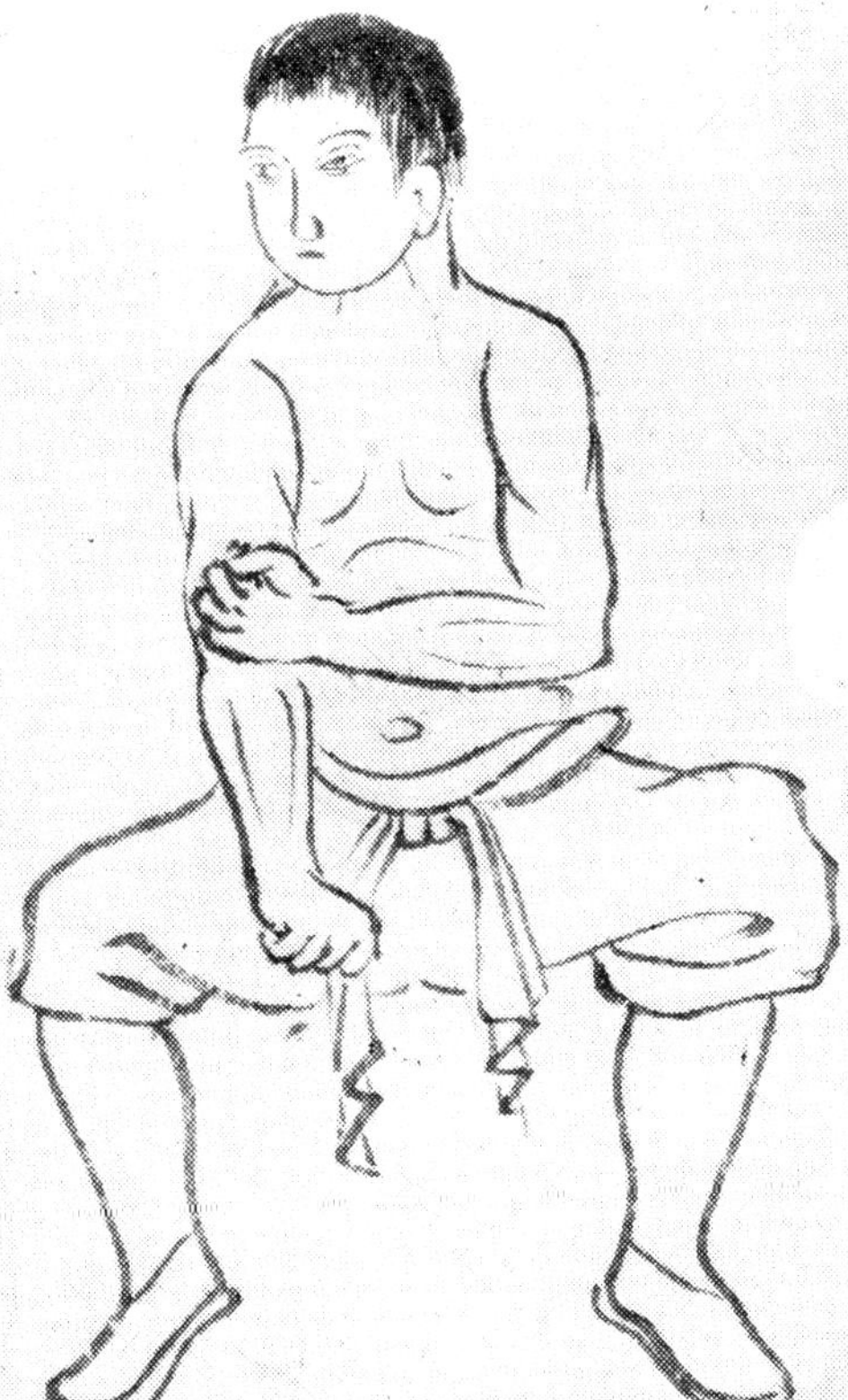

六

七

八

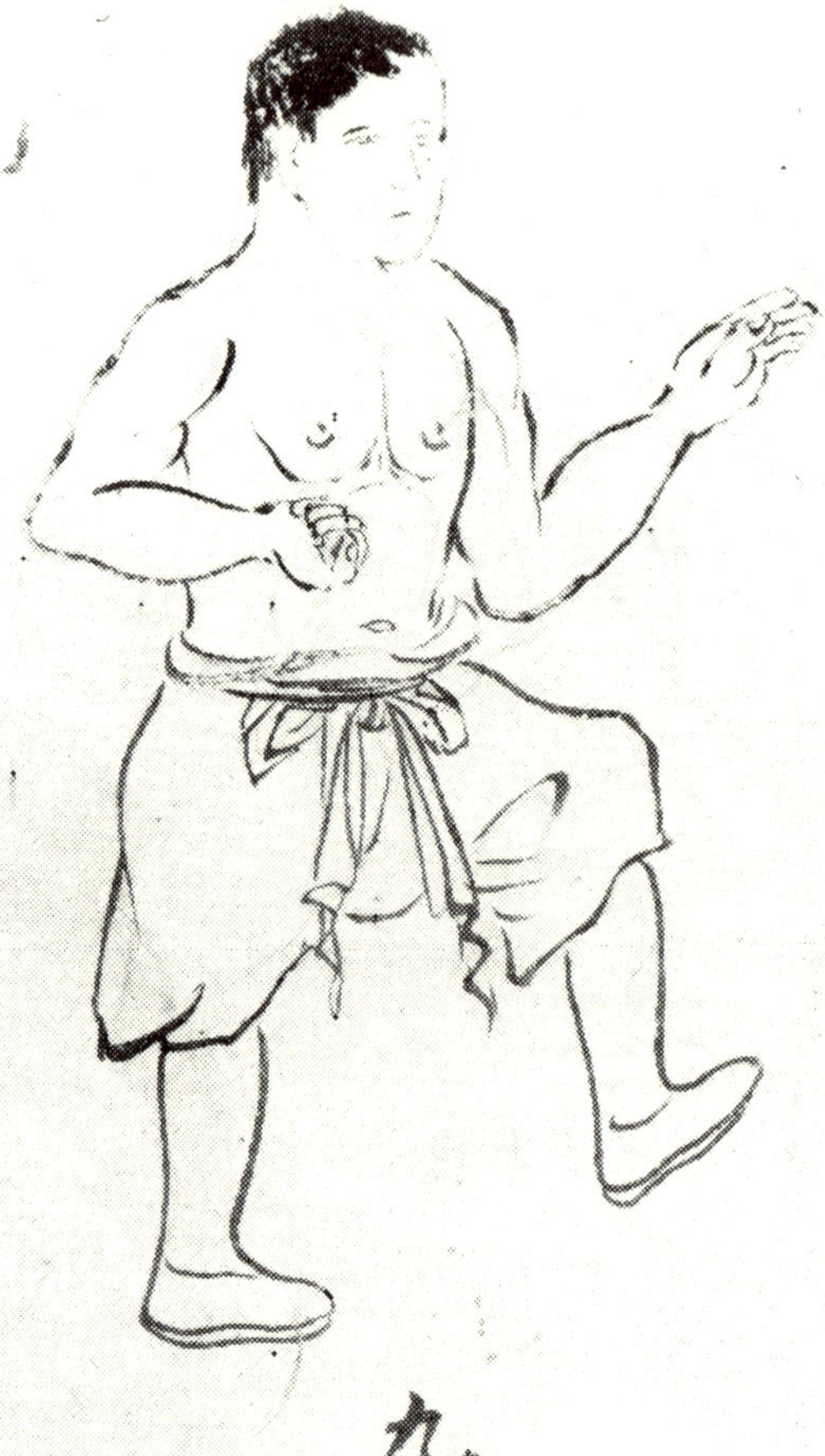

九

十

十二

十二

十三

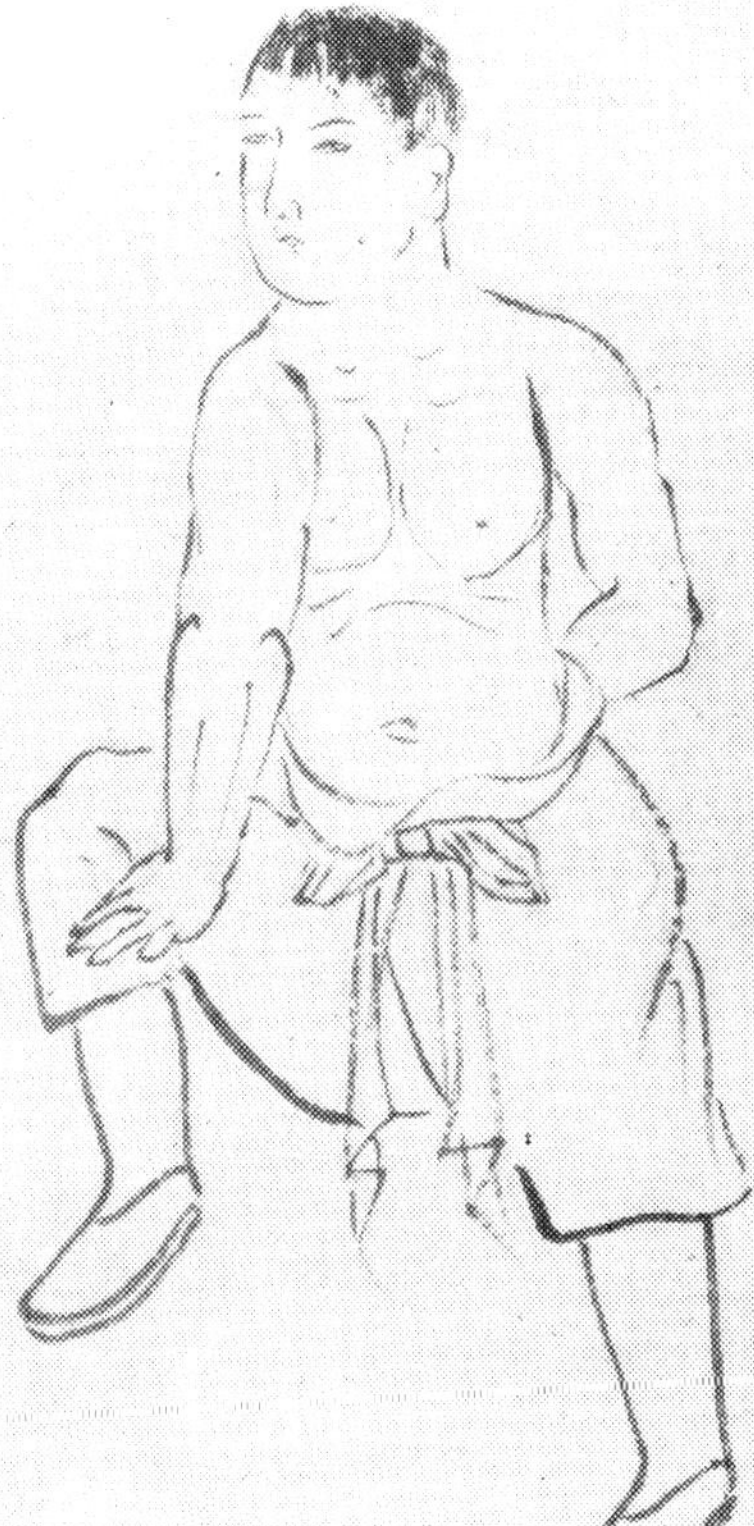

十四

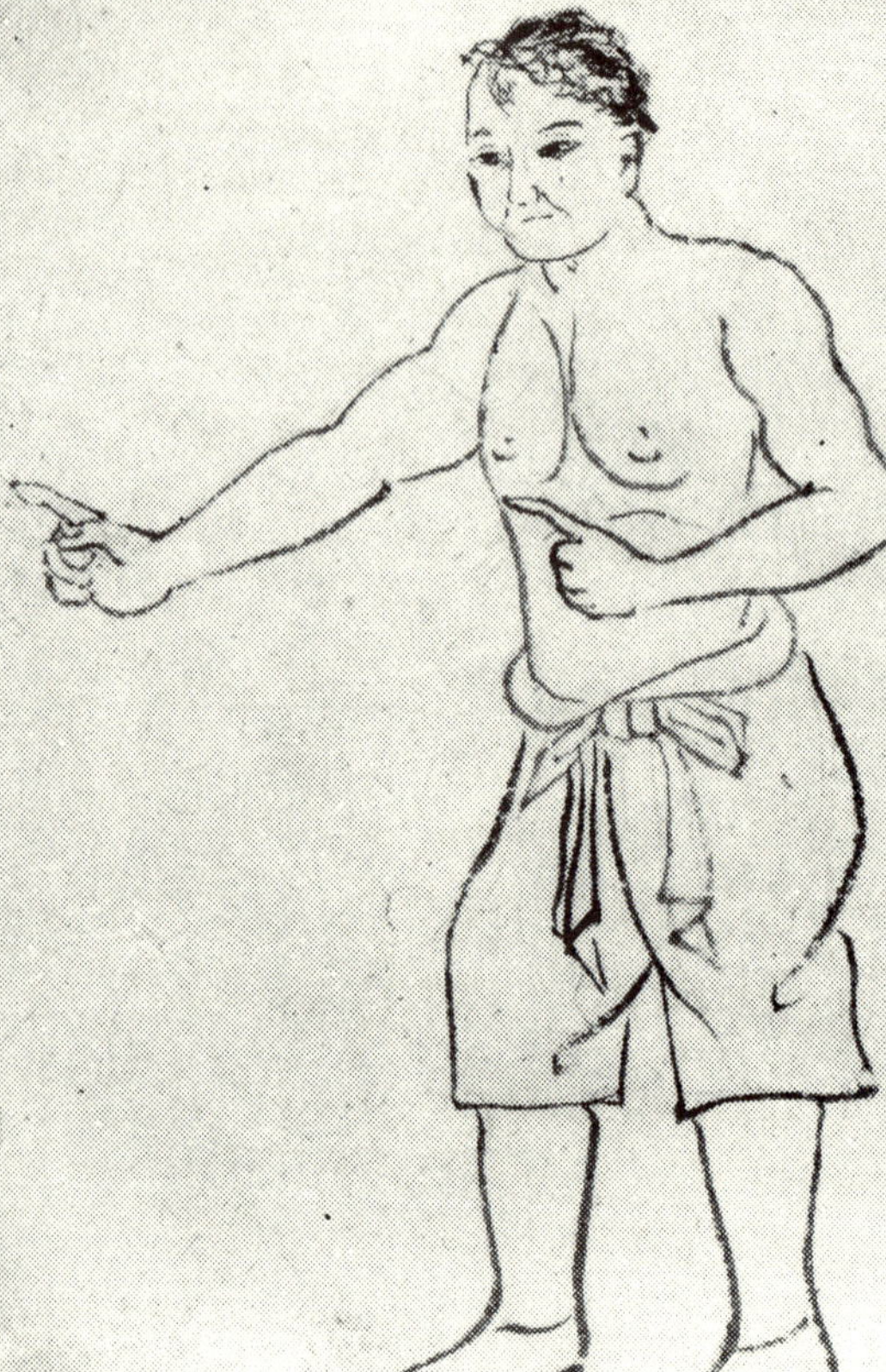

十五

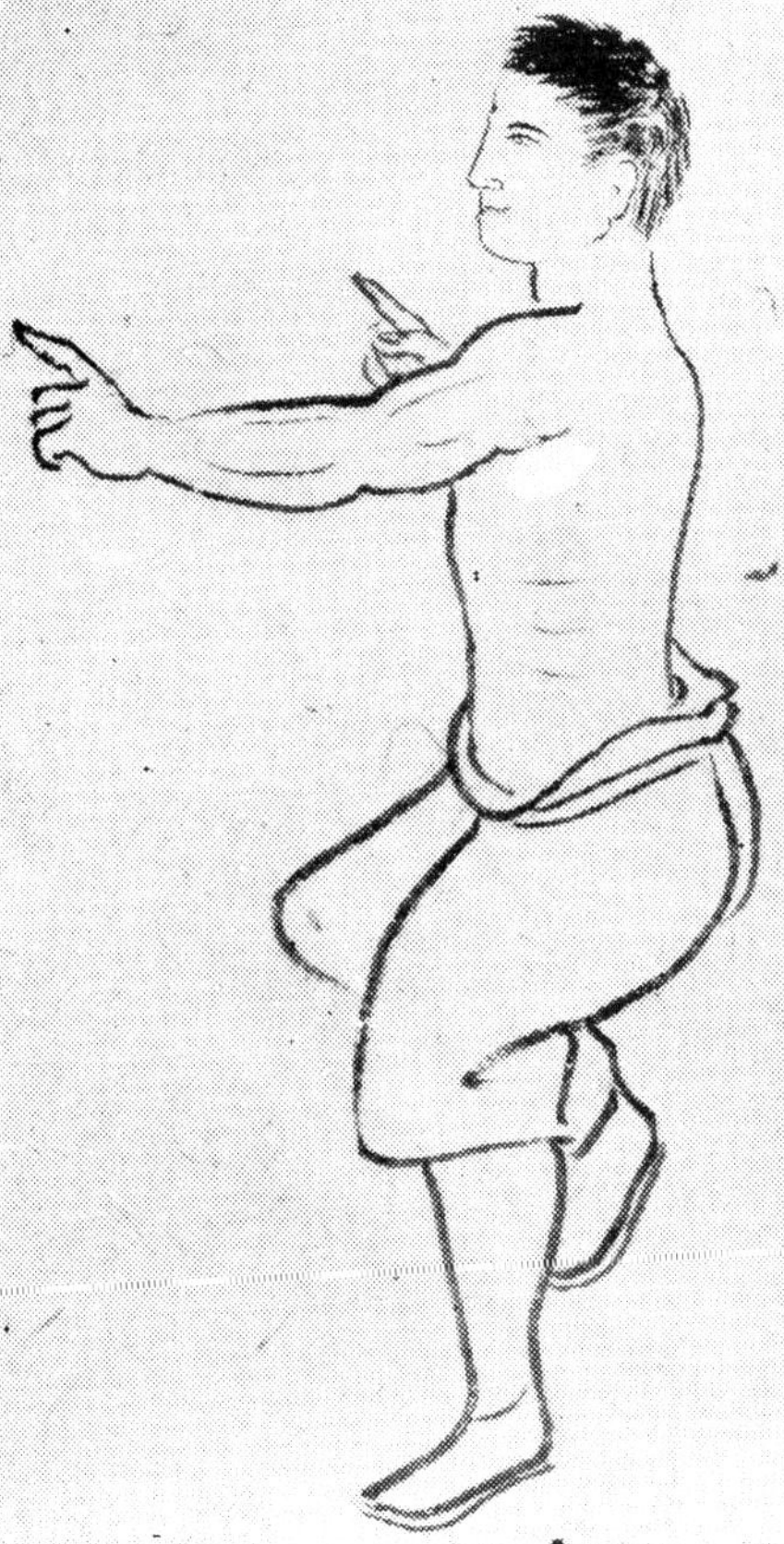

十六

十七

十八

十九

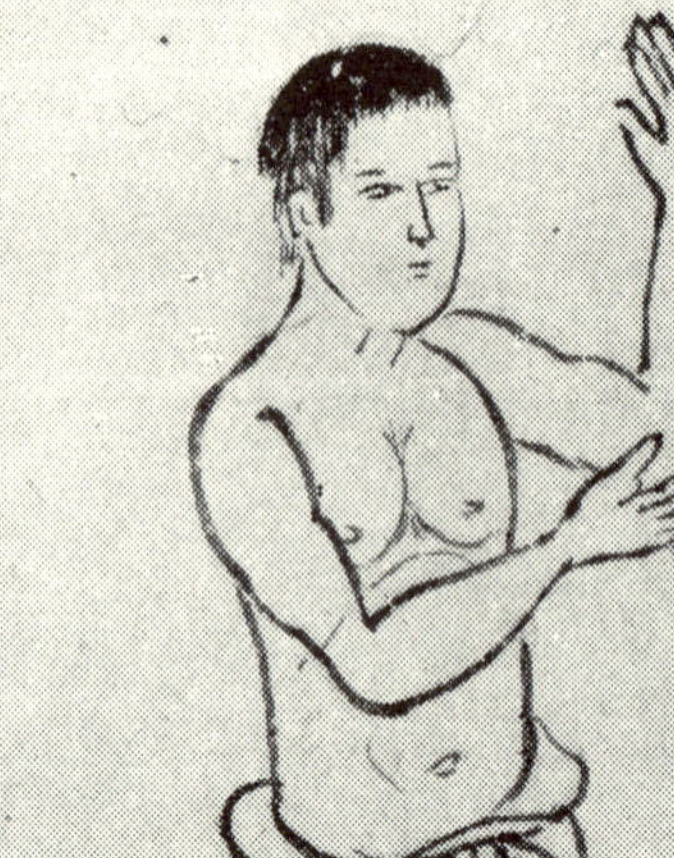

二十三

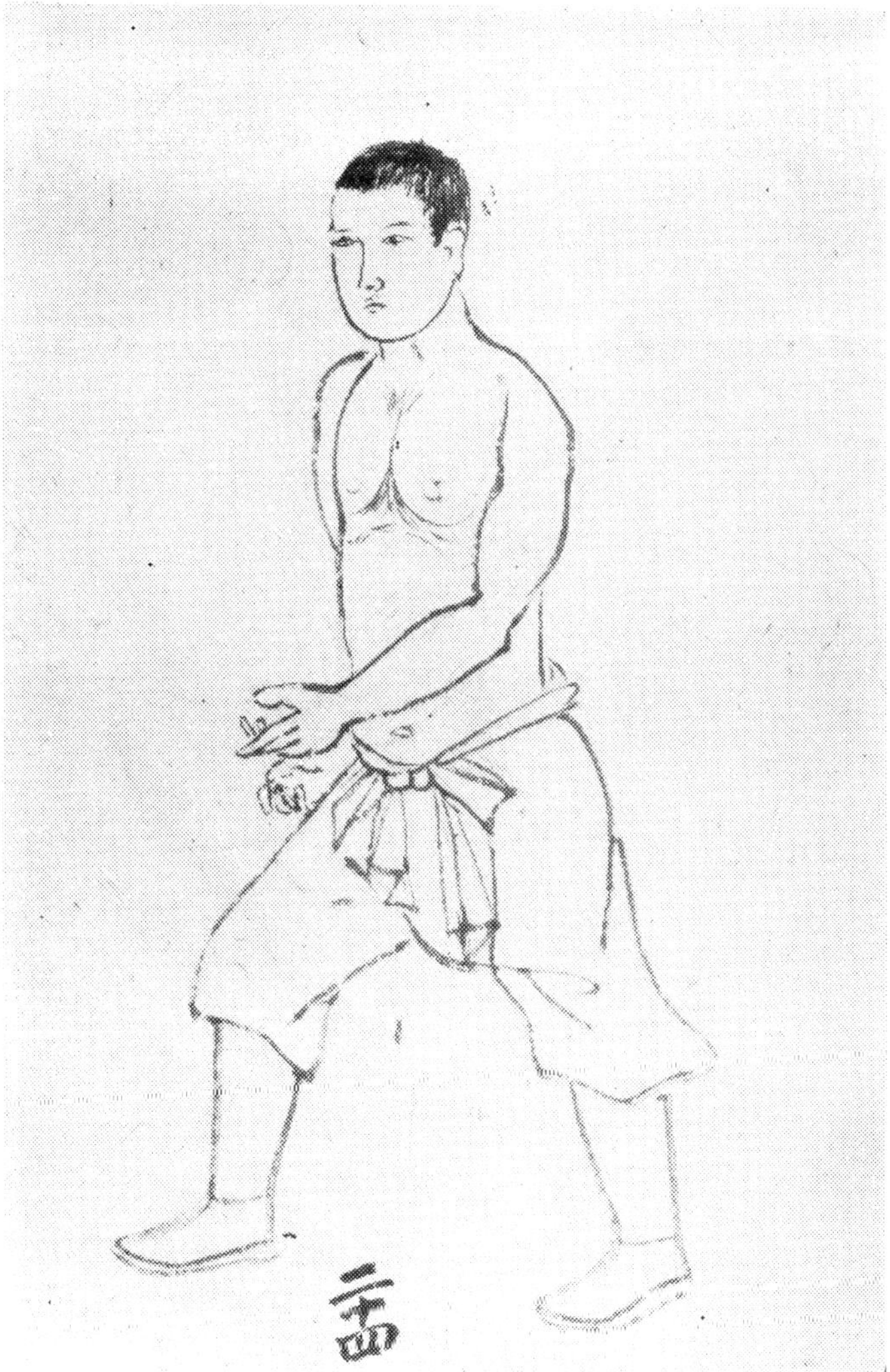

二十四

二十五

二十六

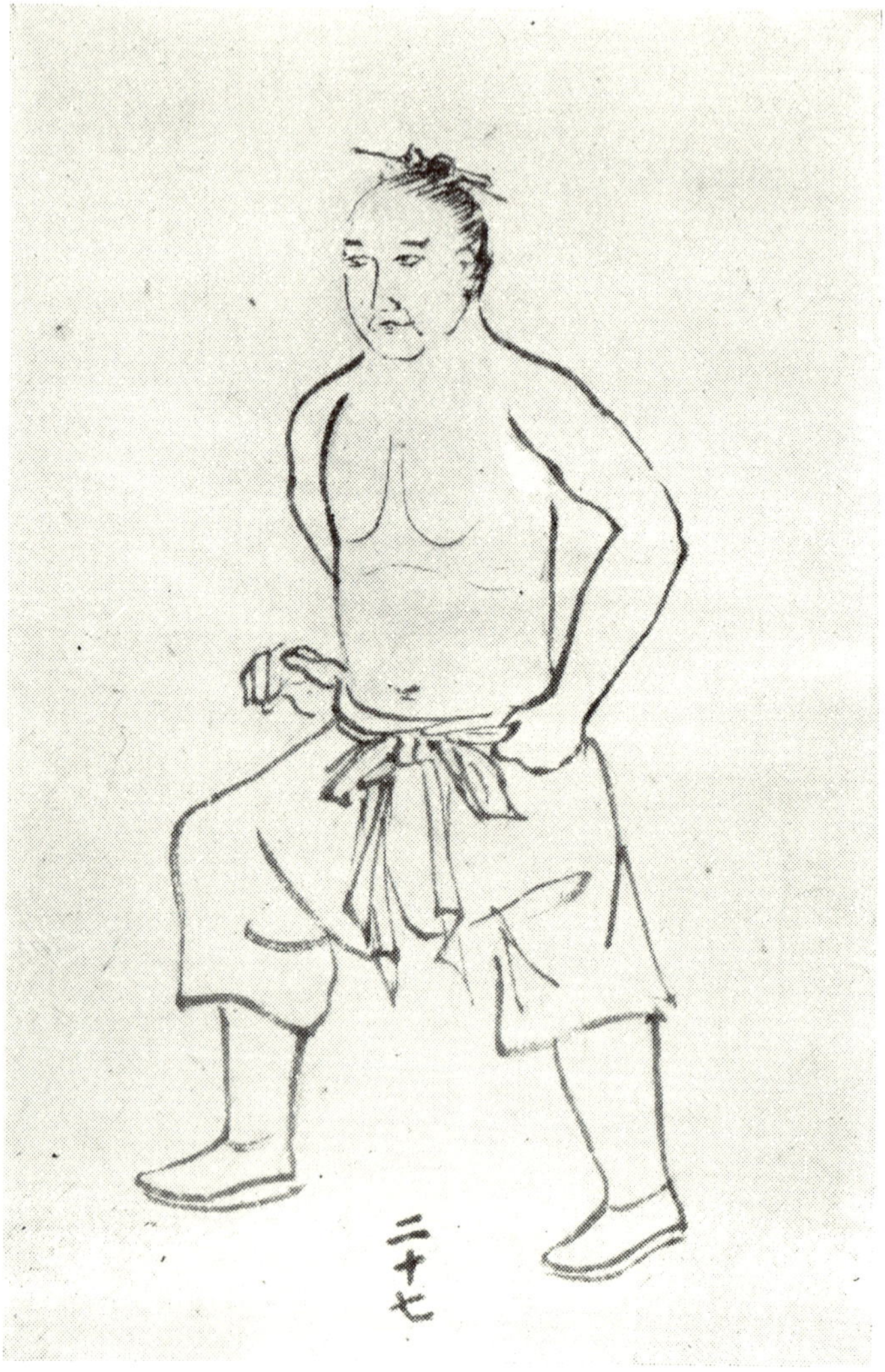
二十七

二十八

二十九

三十

三十一

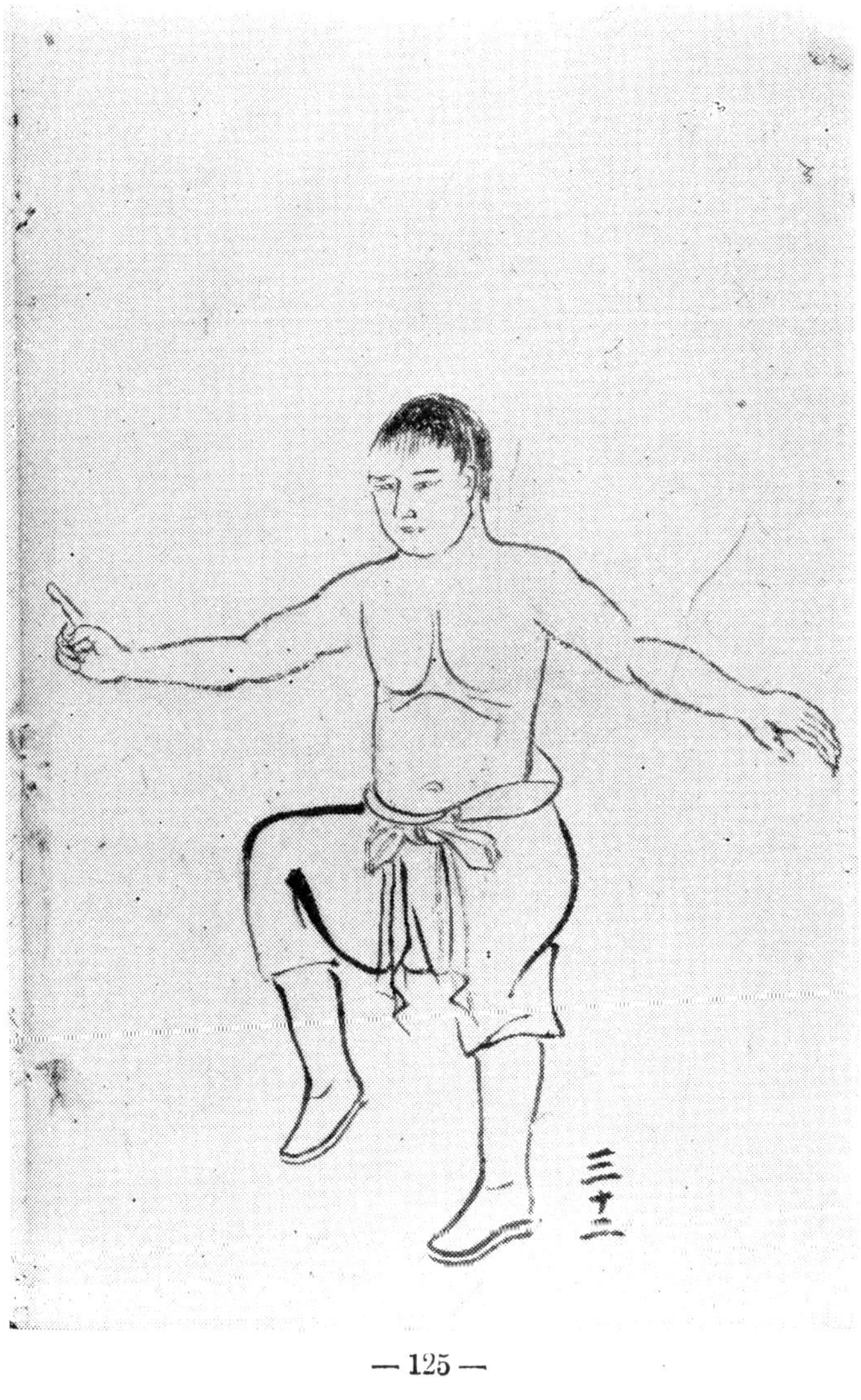
三十三

三十三

三十四

古法大剛論章

再論、吾所レ學此法度。理二明十二時辰一。血脈按二分子午之法一。凡世人須二レ受此法一。止レ可レ救レ人不レ可レ害レ人也。有二人通レ靈者一當門之教也。法有二輕重之殊一。故立二交接之道一以二熟能生巧一多ク中。則彼疎懶者必難レ用。凡レ有二與レ人打レ枷比勢其理一也。尤左二迅速一。不レ可二レ作兒戲一。逢レ空則入。遇レ逃則趕。須ク二斟酌一。恐二失接一。旁人視レ之誚二我淺學一、比勢者顧二上下左右一。分作之門。拳手之法。順則用二草逆一逆則用二確中一遇レ逃緊追。逢レ空緊入、逃レ之則去而來。順レ之則來而去。在レ上用二蝴蝶双飛一。在レ下用二撥水求魚妙手一。虎狼之勢。猛虎之威。交レ手應レ之法。在二着力認眞曉得一。剛柔虛實。剛來二柔中一柔來二剛中一剛刮柔發。身搖、脚踏、蜴起、身隨二于門戶一。規矩進退、不レ可二量情一是也。

十二時血脉的死注氣
大位急持可用不可動

血脈行腸膀一日死

子時

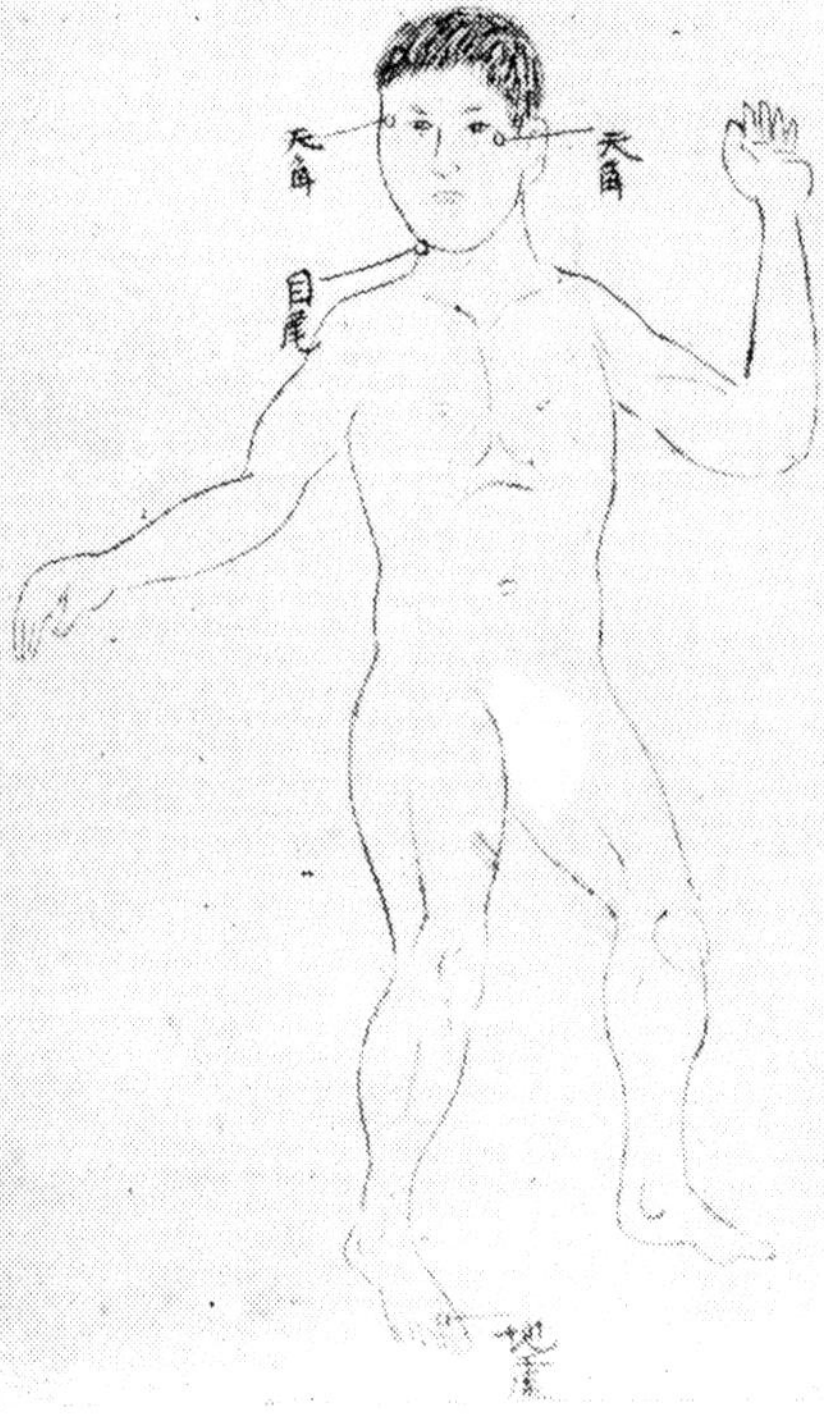

血脈行血盆十四日亥

丑时

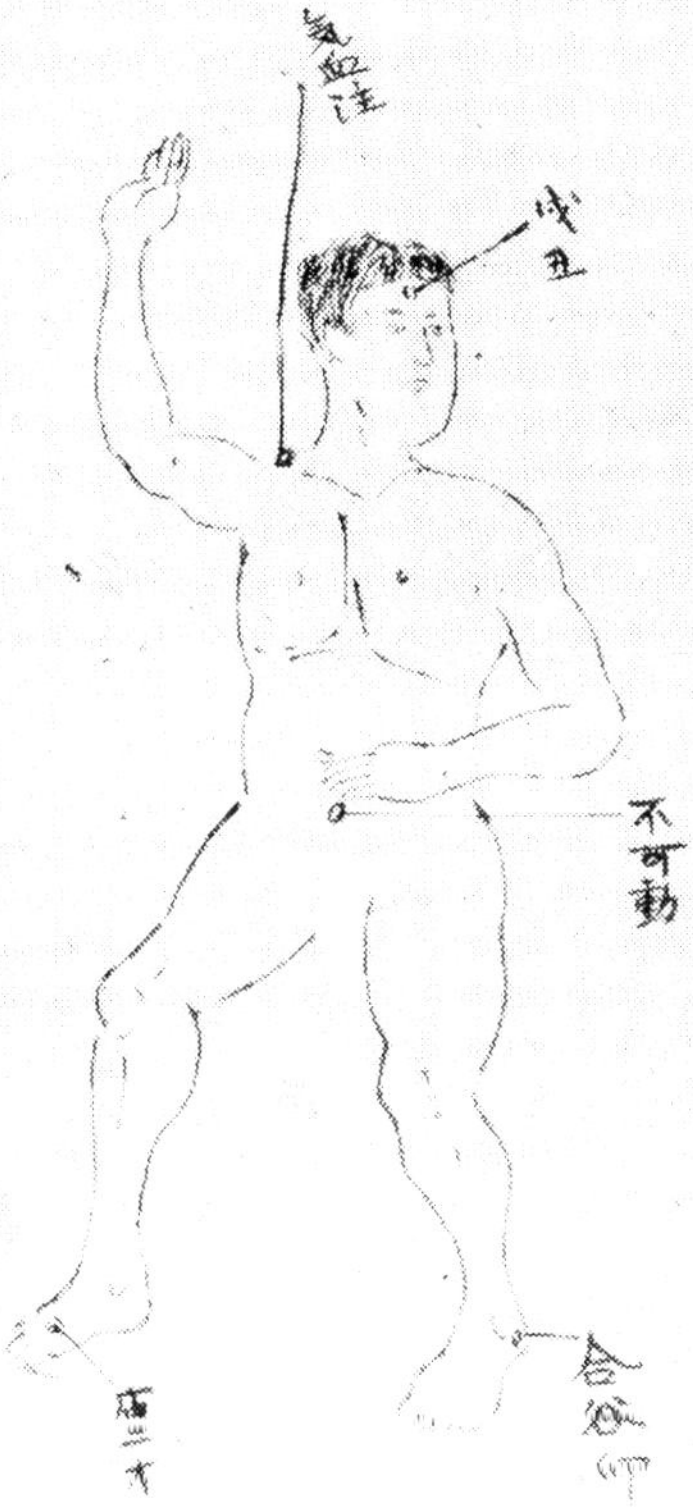

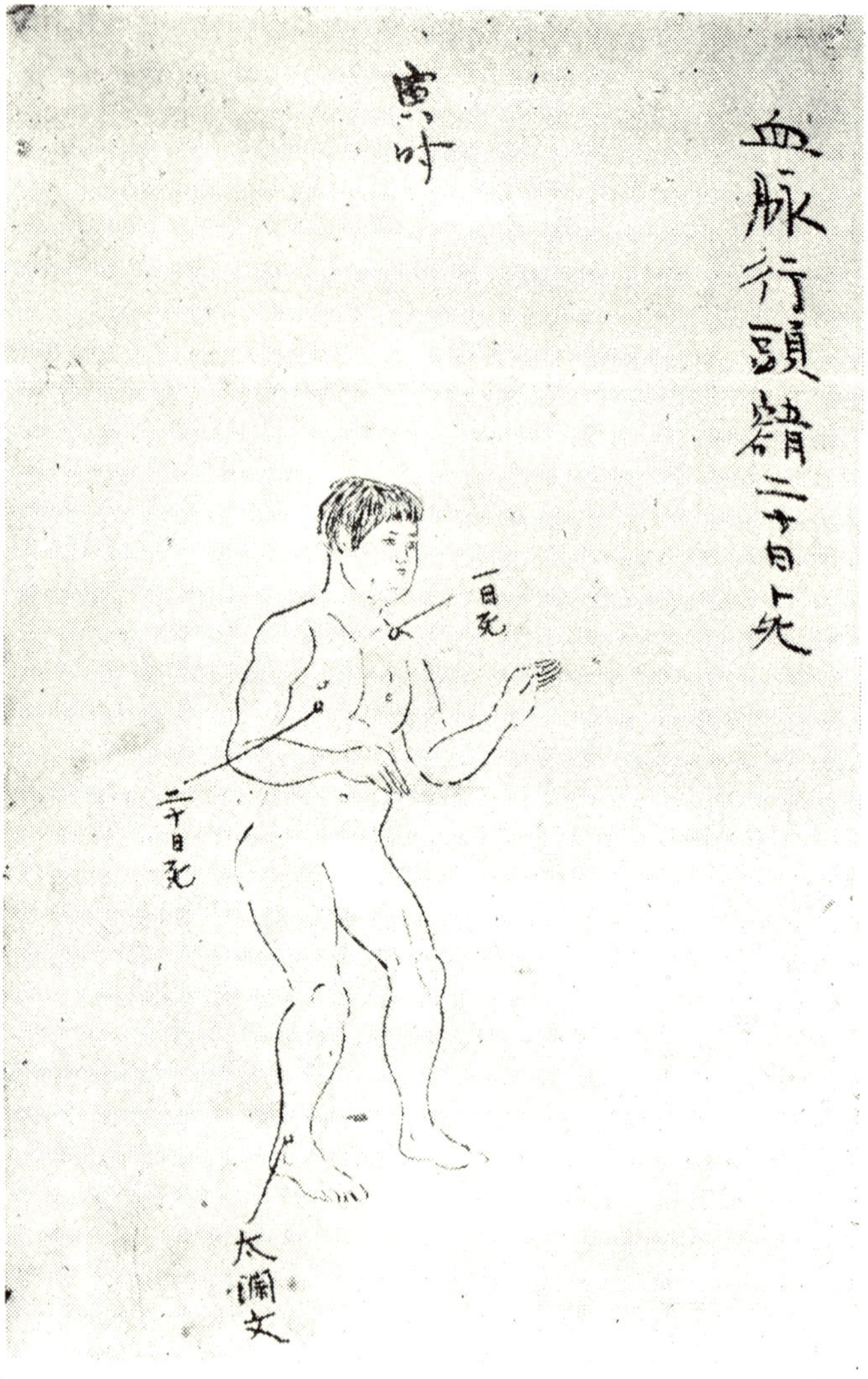
血脈行頭錯二十日上死
寅時
一日死
二十日死
太淵文

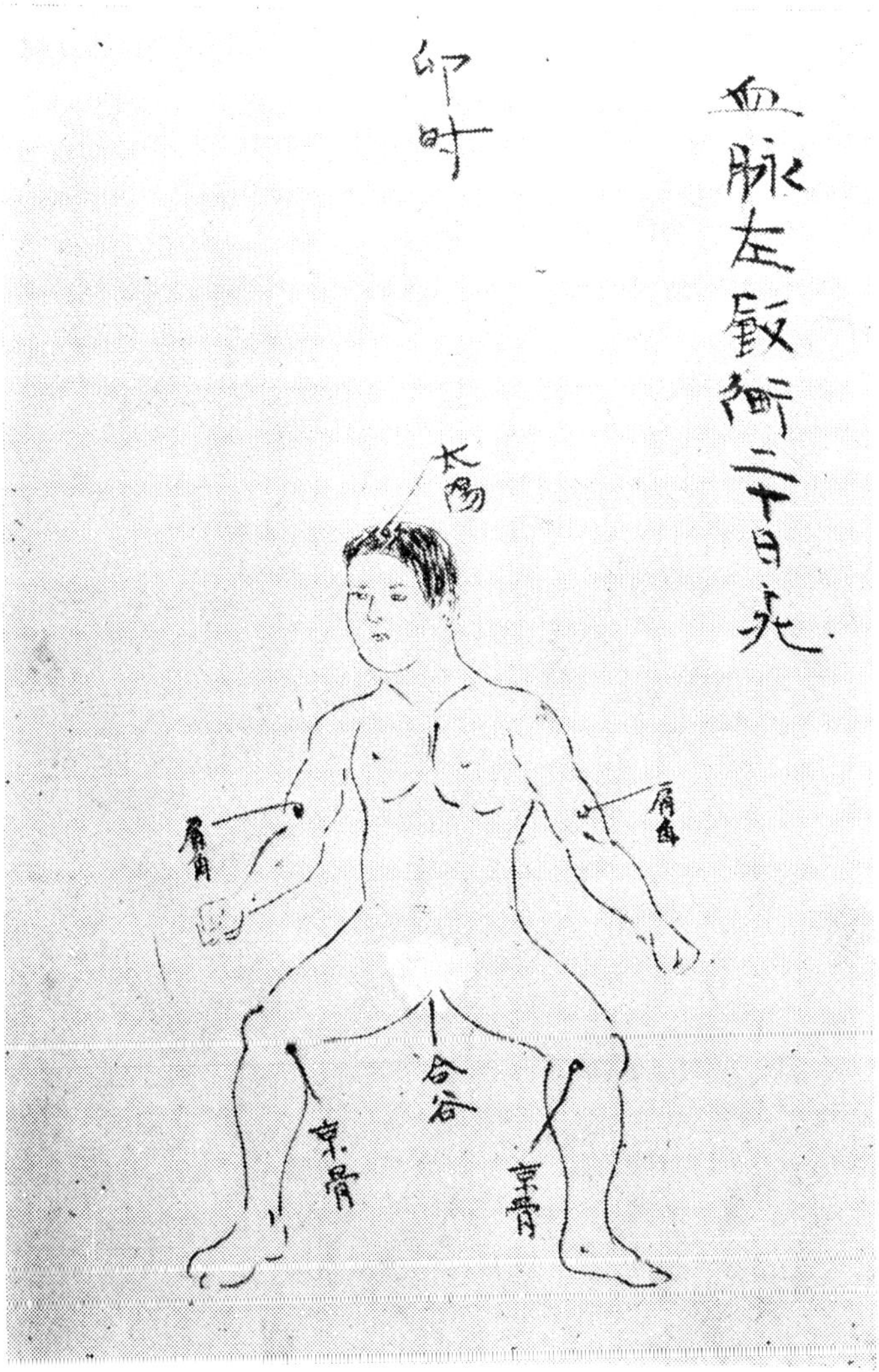
血脈左飯衝二十日夫
卯时
太陽
肩角
肩角
合谷
京骨
京骨

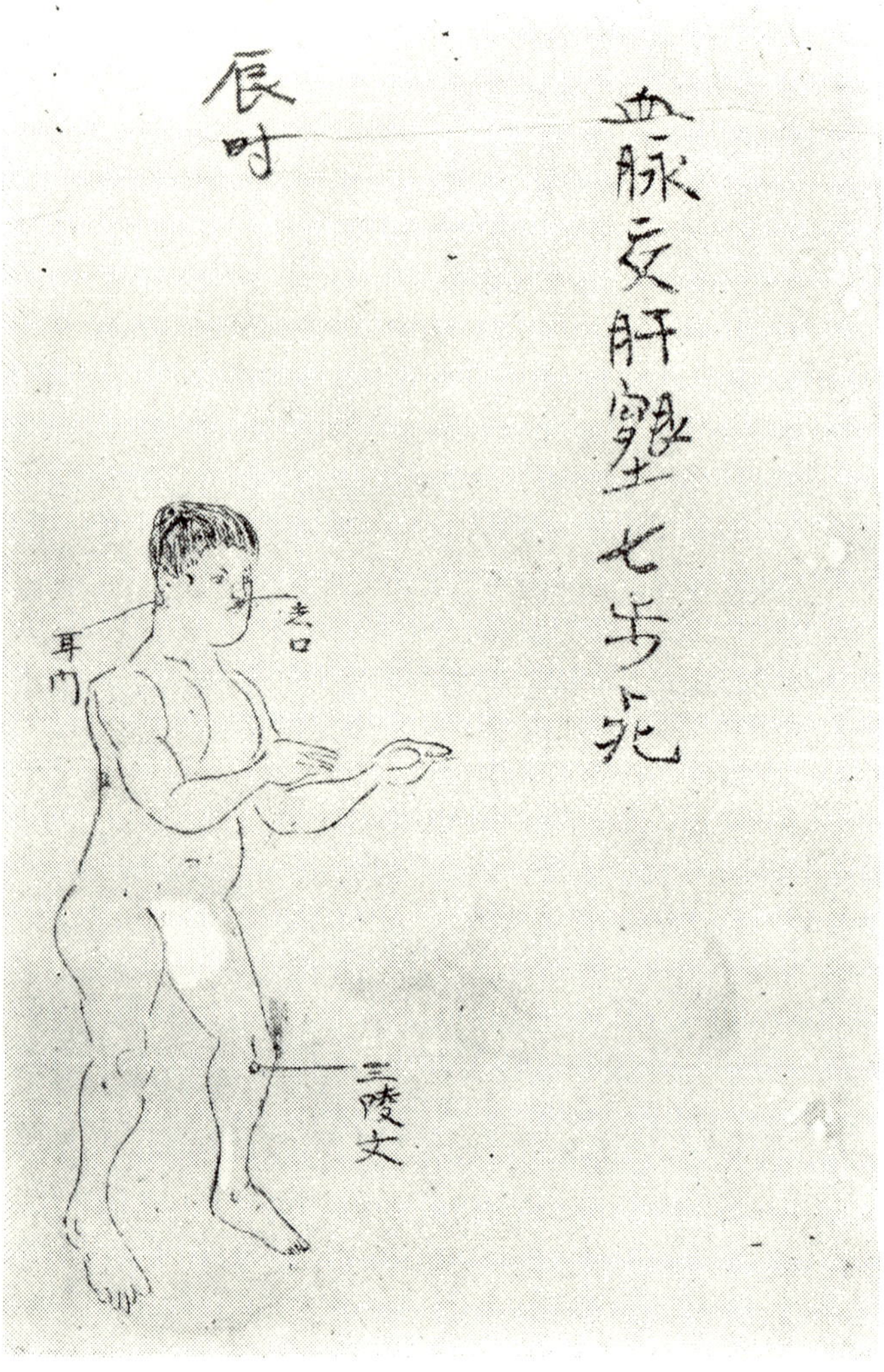
血脈交肝墾七歩死
辰时
耳門
三陵文

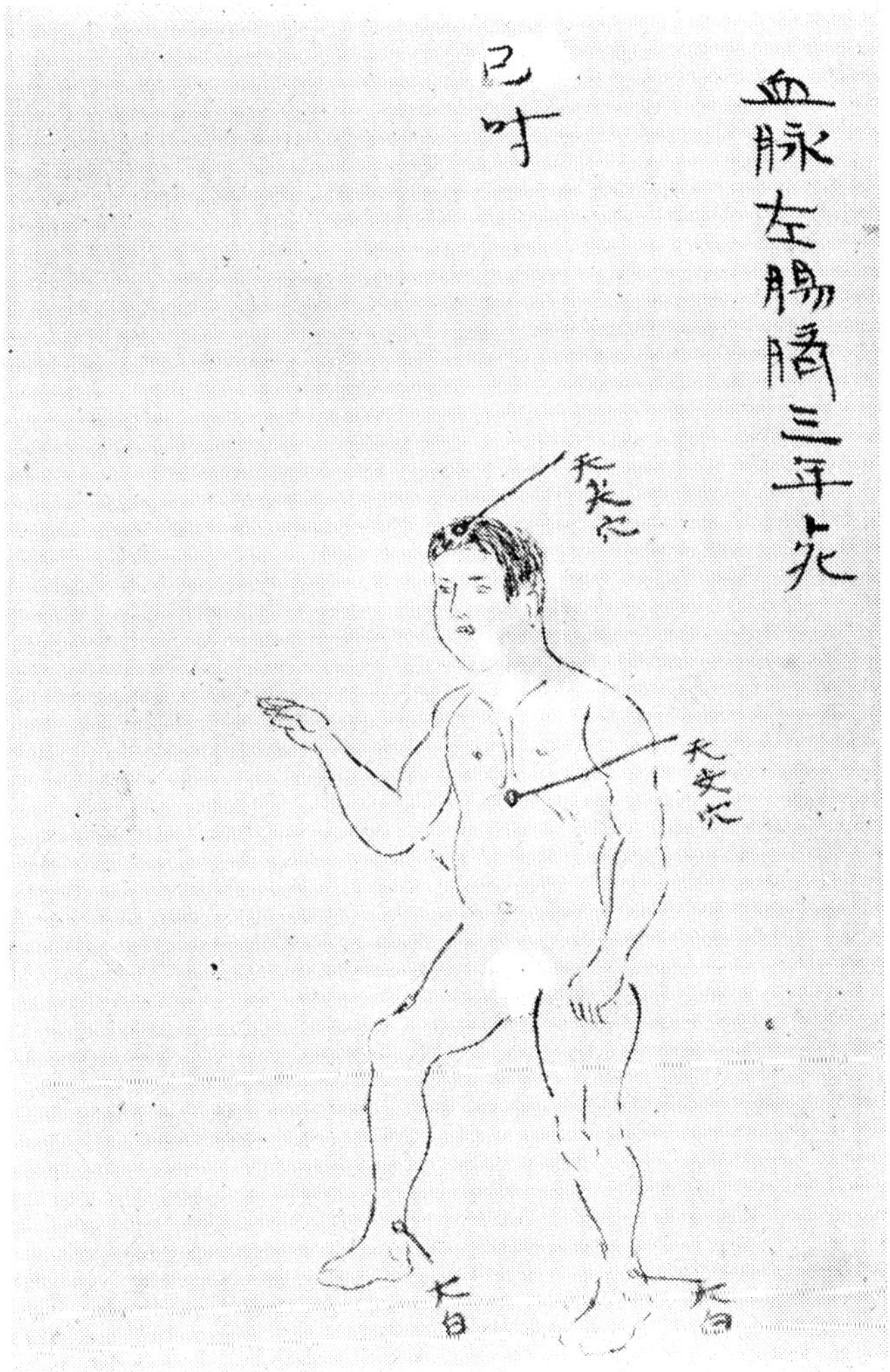
血脈左腸腑三年死
巳吋
天突穴
天安穴
大白
大白

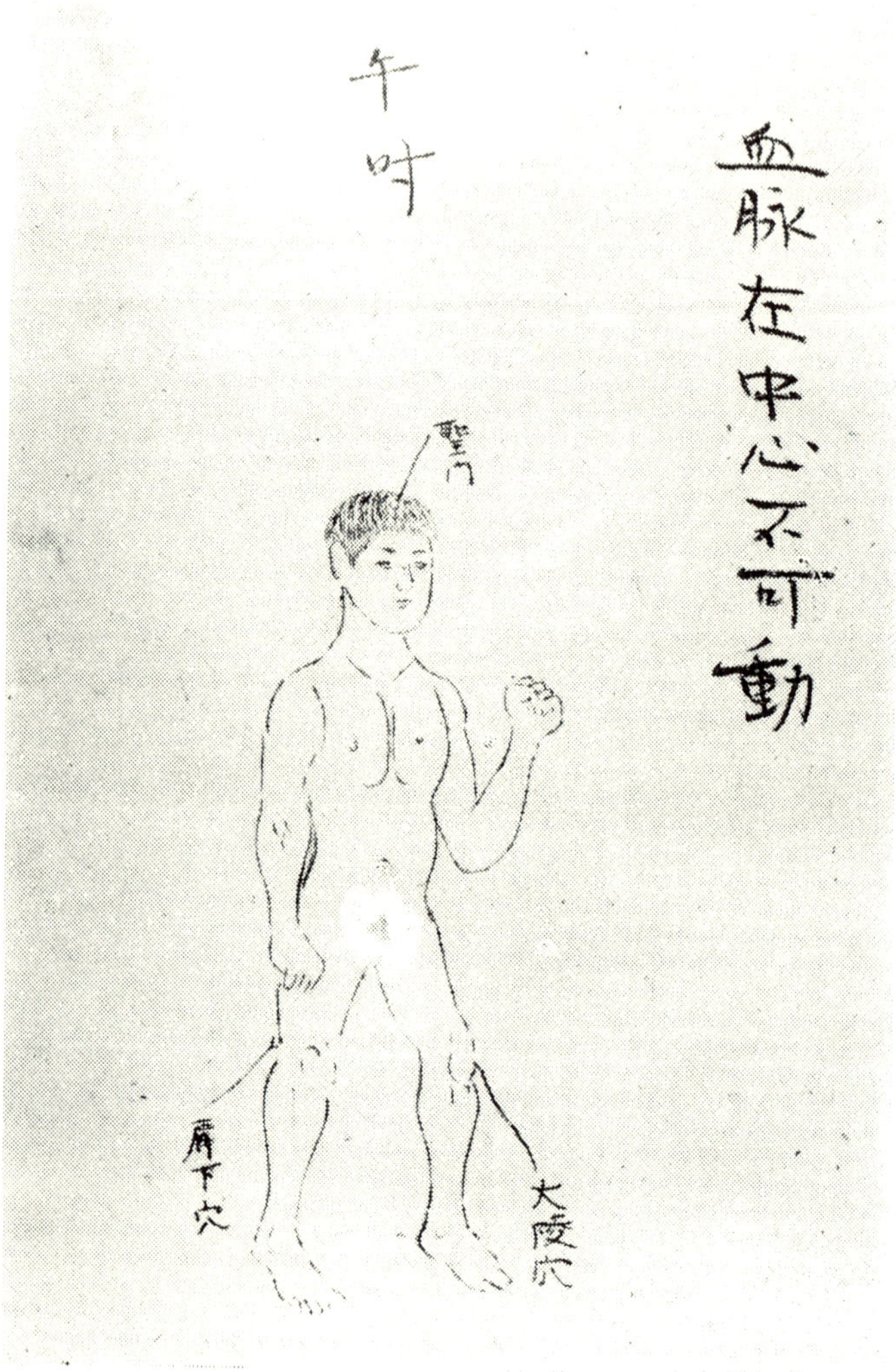
血脈在中心不可動
午吋
大陵穴

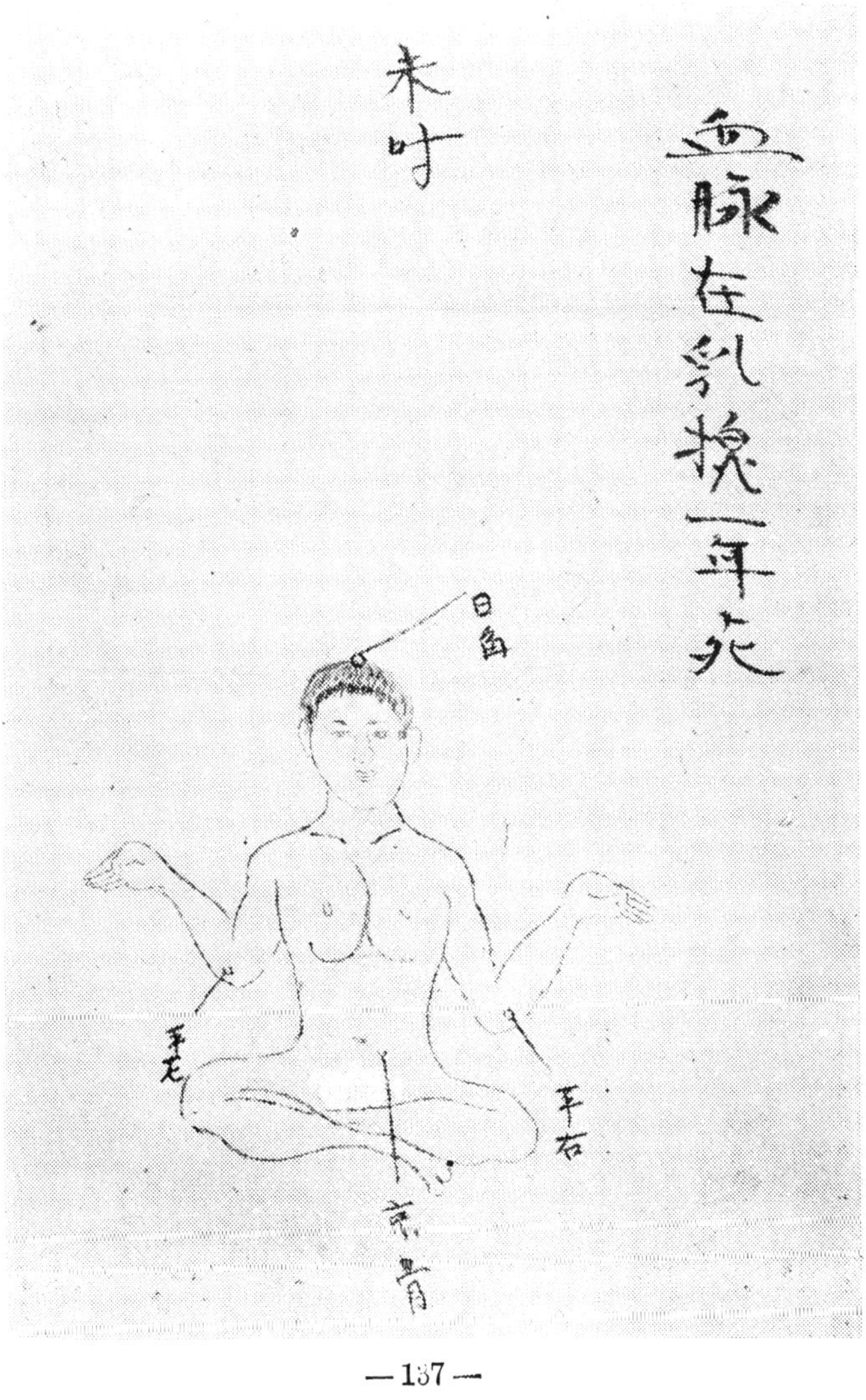
血脈在乳換一年死
未時
日角
手左
手右
京骨

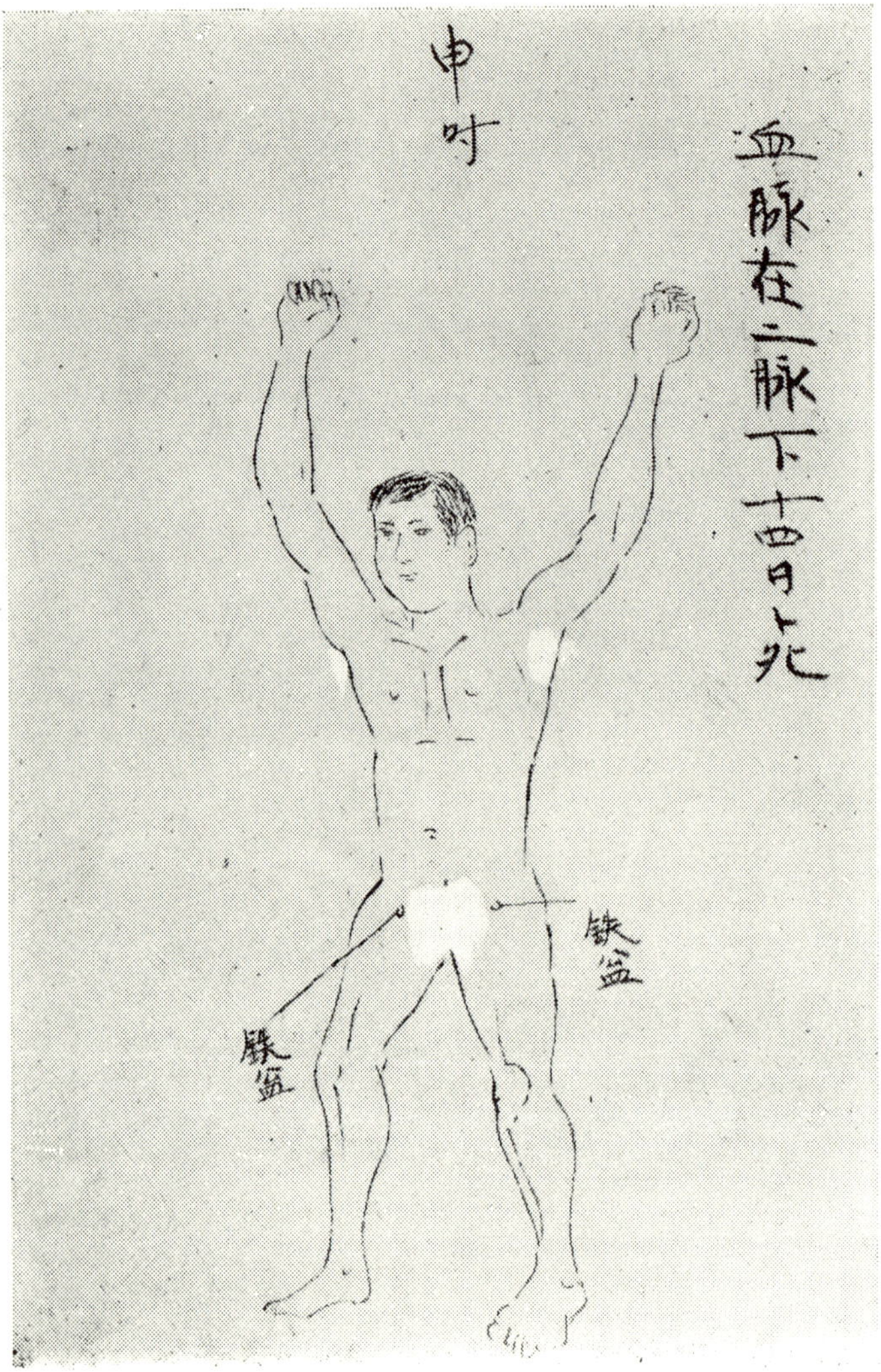
申時
血脈在二脈下十四日ト死
缺盆

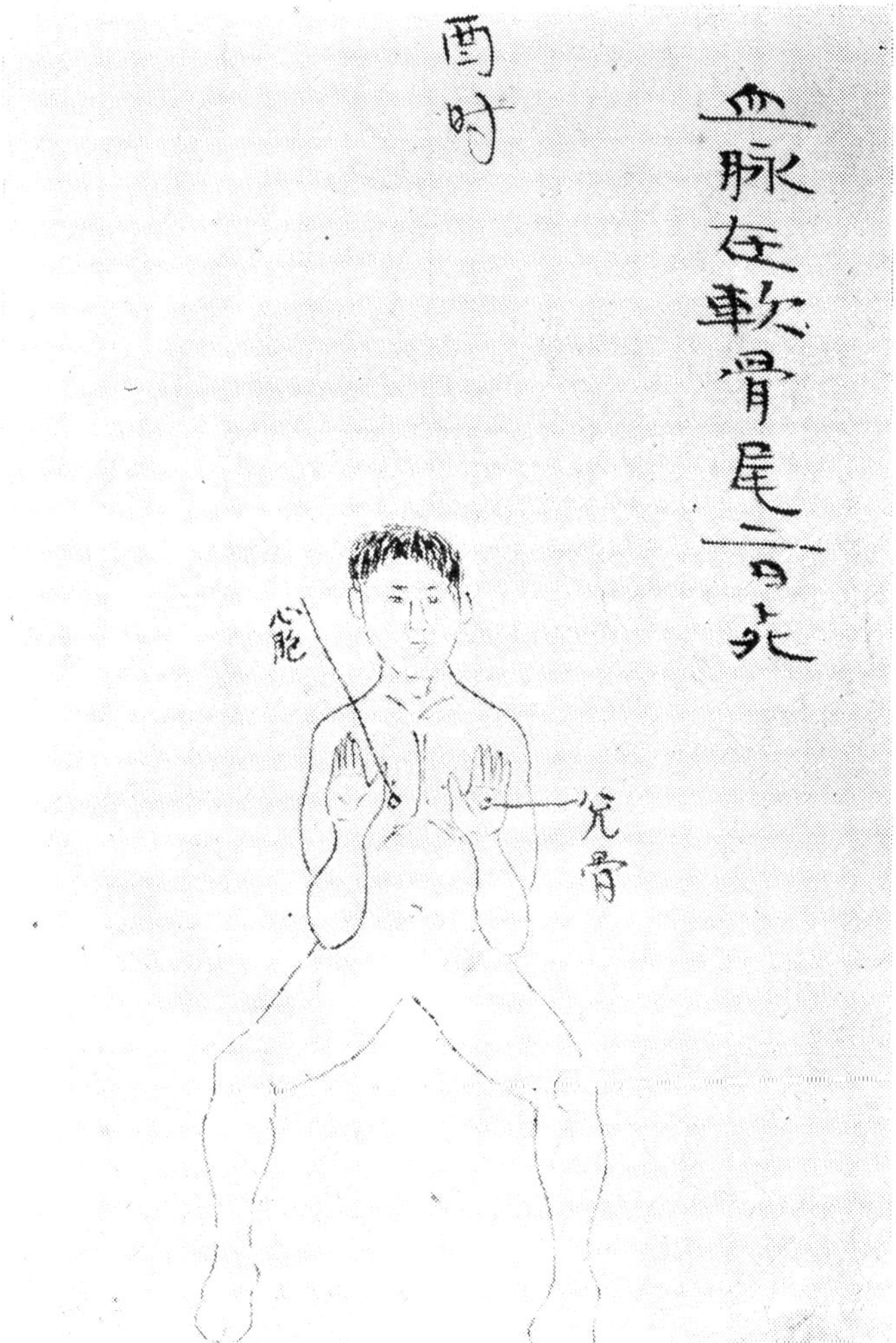
血脉在軟骨尾二日九
酉时
心胞
穴骨

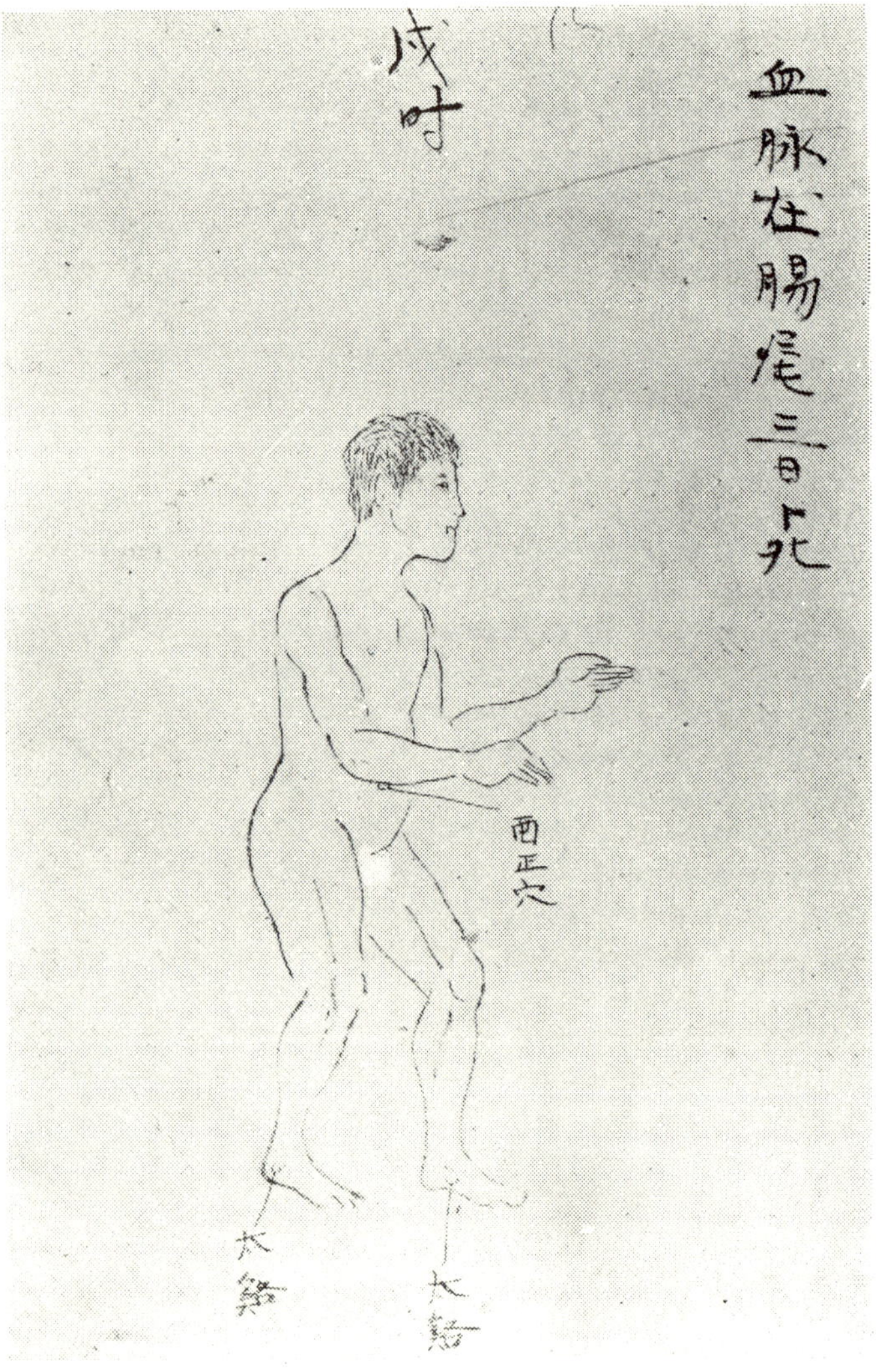
血脉在腸尾三日死
戌时
酉正穴
大筋
大筋

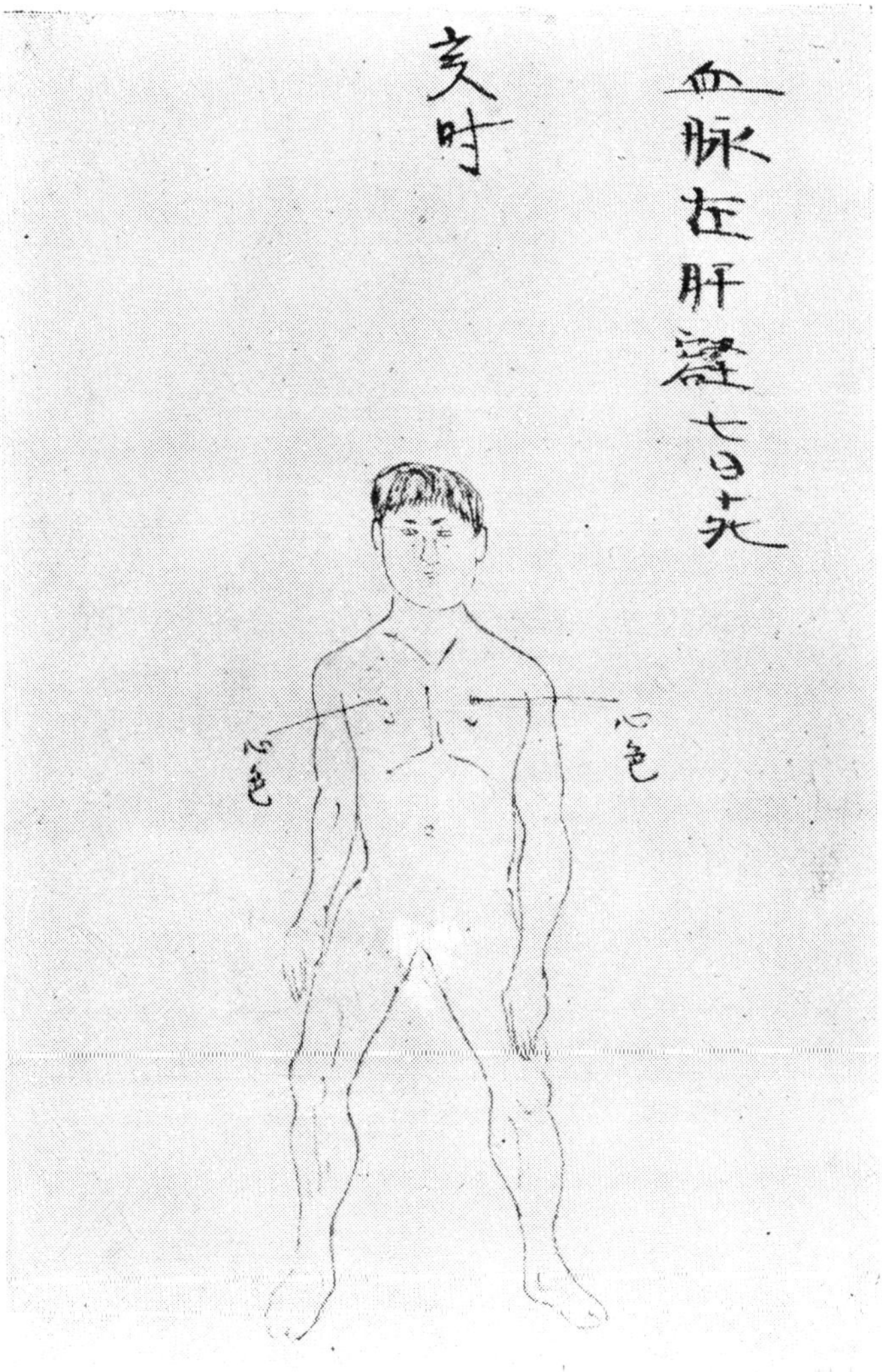
血脈在肝經七日十九
亥時
心包
心包

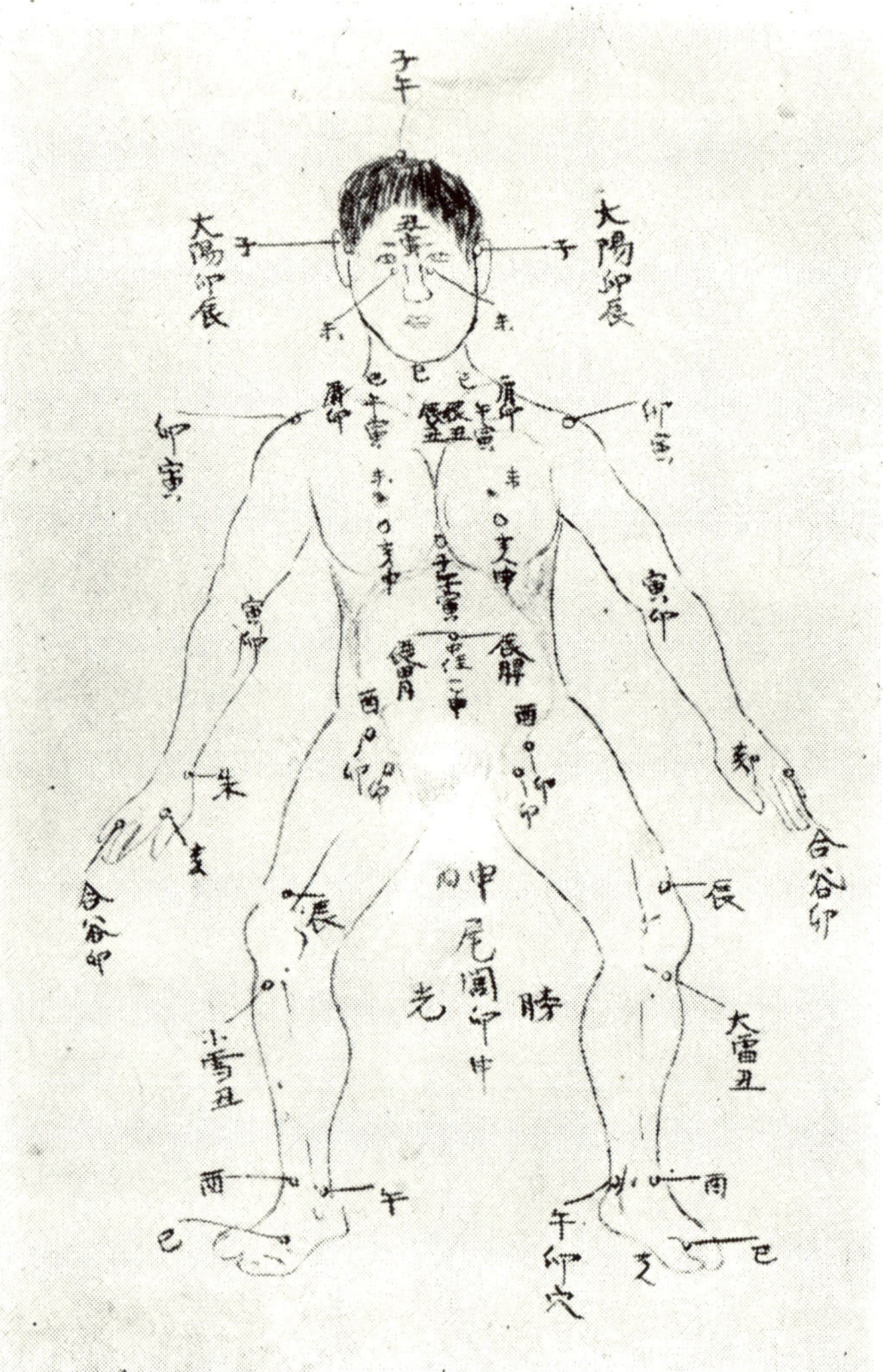
子午
大陽卯辰
大陽卯辰
卯寅
卯寅
寅卯
寅卯
合谷卯
合谷卯
長
辰
大雷丑
小雪丑
酉
酉
午
巳
巳
午卯穴

七不打

額門　一不打頭頂心是也

腦後　二不打後枕骨是也打則死

喉　三不打上擊下則死

兩耳後　四不打上午在左耳穴下午左右打開則死口不能閉

臍上至心窩兩邊橫　五不打打則死

下陰　六不打打則死又橫肚西邊橫刈若打吐血死

乳　七不打乳下第二骨內上午左穴爲脉下午右穴爲脉若打此兩邊穴端的兩月餘斷難醫治

四不治症

大凡打傷鎗刀所傷

一、口開不治　不能接氣

二、發陰下治　身體手足冷凍

三、目不轉珠不治　精神散

四、心撞不治　內腑已壞五金崩已

○

此手法及藥症乃、昭林寺傳流至今凡學拳法須要時溫煉熟認眞百發百中無有不中也。

○

男人卅六穴左邊起女人卅七骨穴從右邊起春天血在人肩下第四骨起至谷兩三日過位夏天時血在肩下在七骨起至大暑第五日止过位秋天血在左邊第七骨起至寒露七日爲止冬天時血在第九骨起至大寒九

日爲止應子午四季血脈交接

神農琉璃腸一日食百草醫百病救百人知此穴位不傷人正可救人如他人被打傷用此藥救之可也。

○　○

十二時血脈藥方神効　若無青草用此君臣解之

子時用藥　澤首一分沈香不乳香不　老酒一杯煎半杯服下

丑時用藥　射香一不茯苓不紅花不手七不　酒一杯煎半杯服下

寅時用藥　射香不沈香一分澤首二分肉桂二不手七二分　酒一碗煎一杯服

卯時用藥　眞珠一分射香二分蛇胆二分方毒虎二分　浸酒服

辰時用藥　紅曲一分白糟一分青桃仁五卜地枇杷二紅花二　酒煎服下

巳時用藥　上步用紅花二分下步用手七二分　沖酒服下

午時用藥 蛇胆二分麂香頭二卜香射子七分紅工絲二卜 酒三礓煎一礓服

未時用藥 社仲一卜乳香二卜丁香二卜肉桂二卜 沖酒空心服

申酉時用藥 麥二卜右泰心二分水礓半煎八分 空心服

戌亥時用藥 紅二卜藩山紅二卜紅土絲一卜万毒虎二卜 擂末沖酒服下

九天凡大院三日都師卯

名曰搧子

名曰搧手

靈狗大將軍

金獅

組手搧

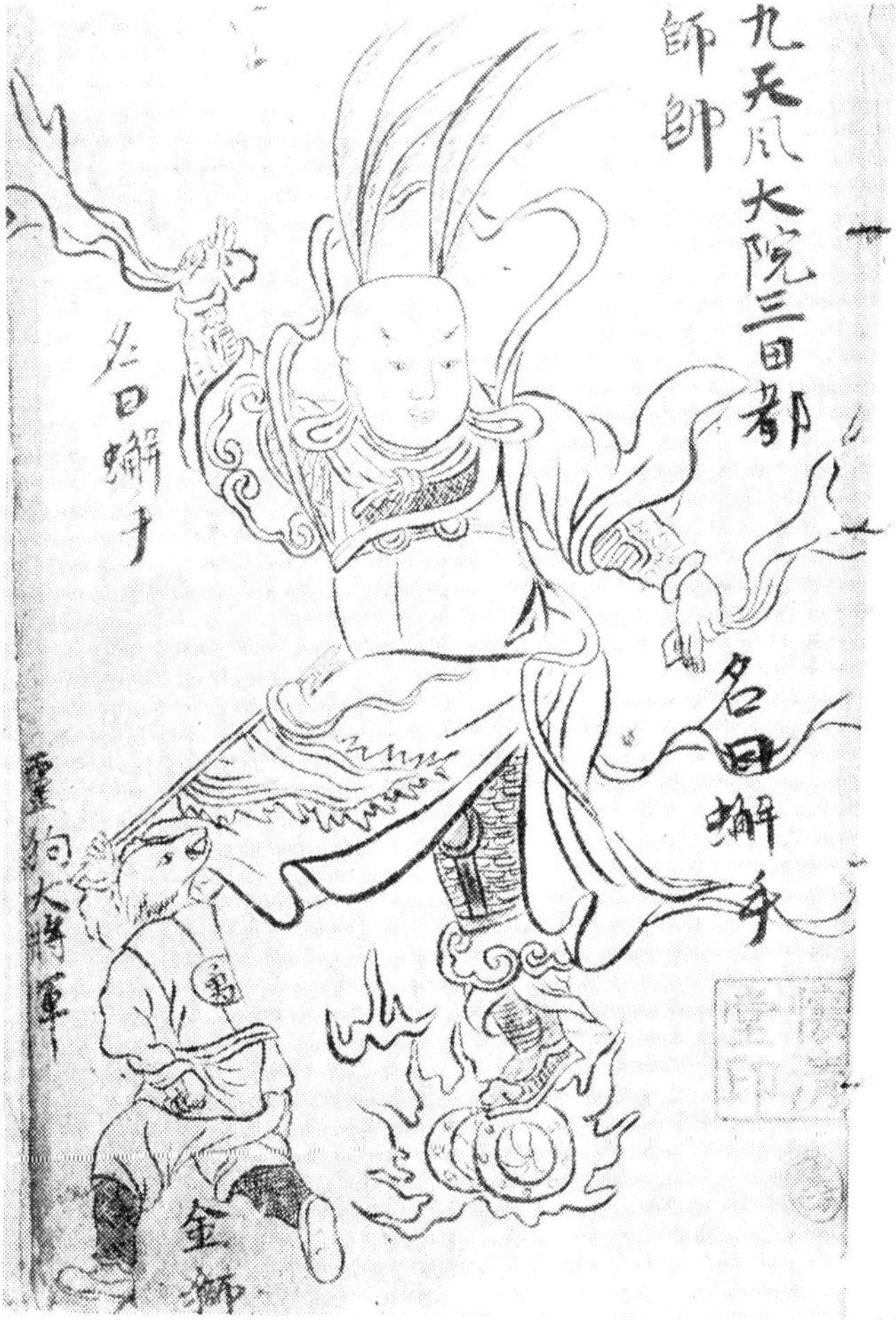

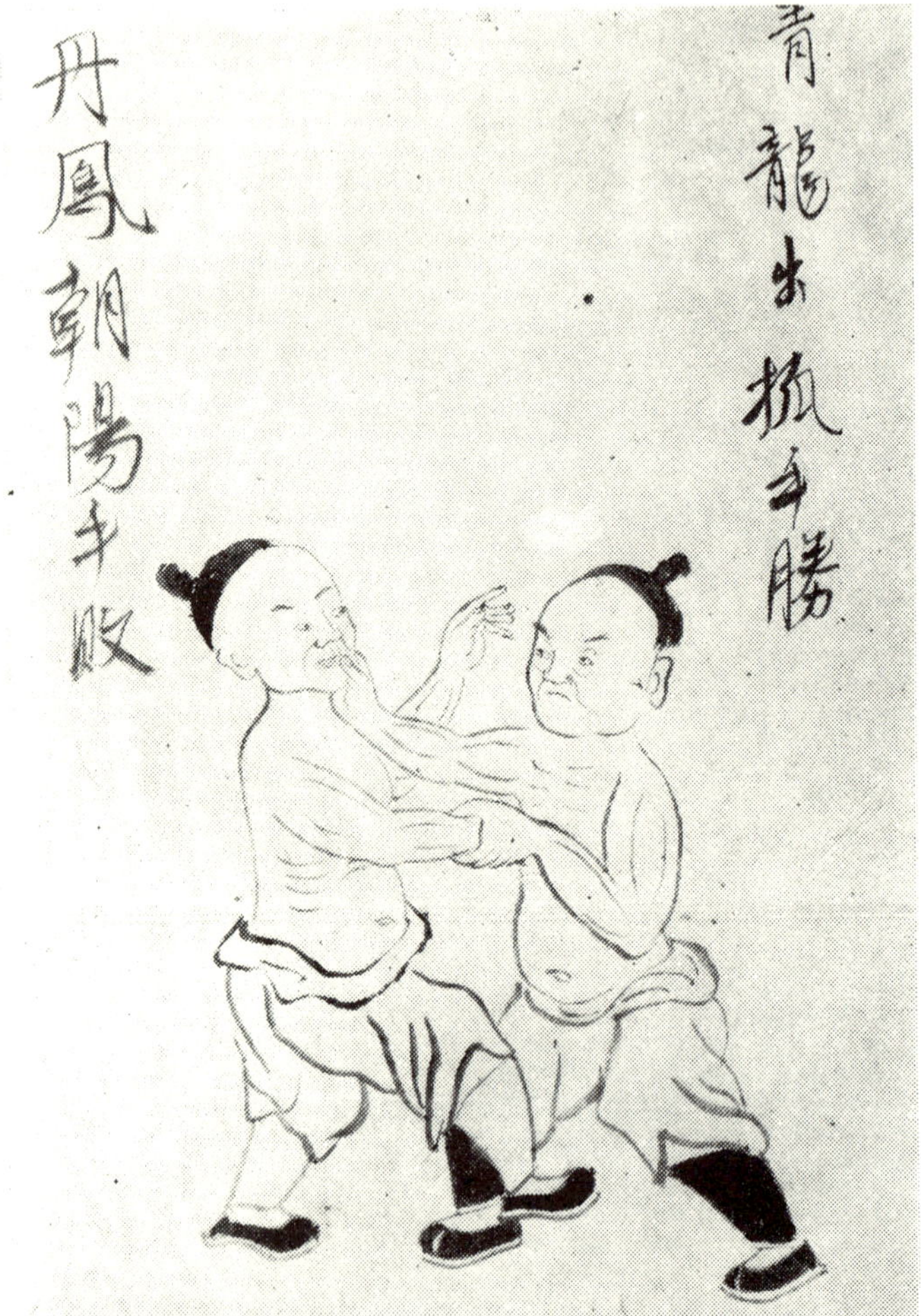
青龍出抓手勝
丹鳳朝陽手敗

扭當胸手敗
摔後摔手勝

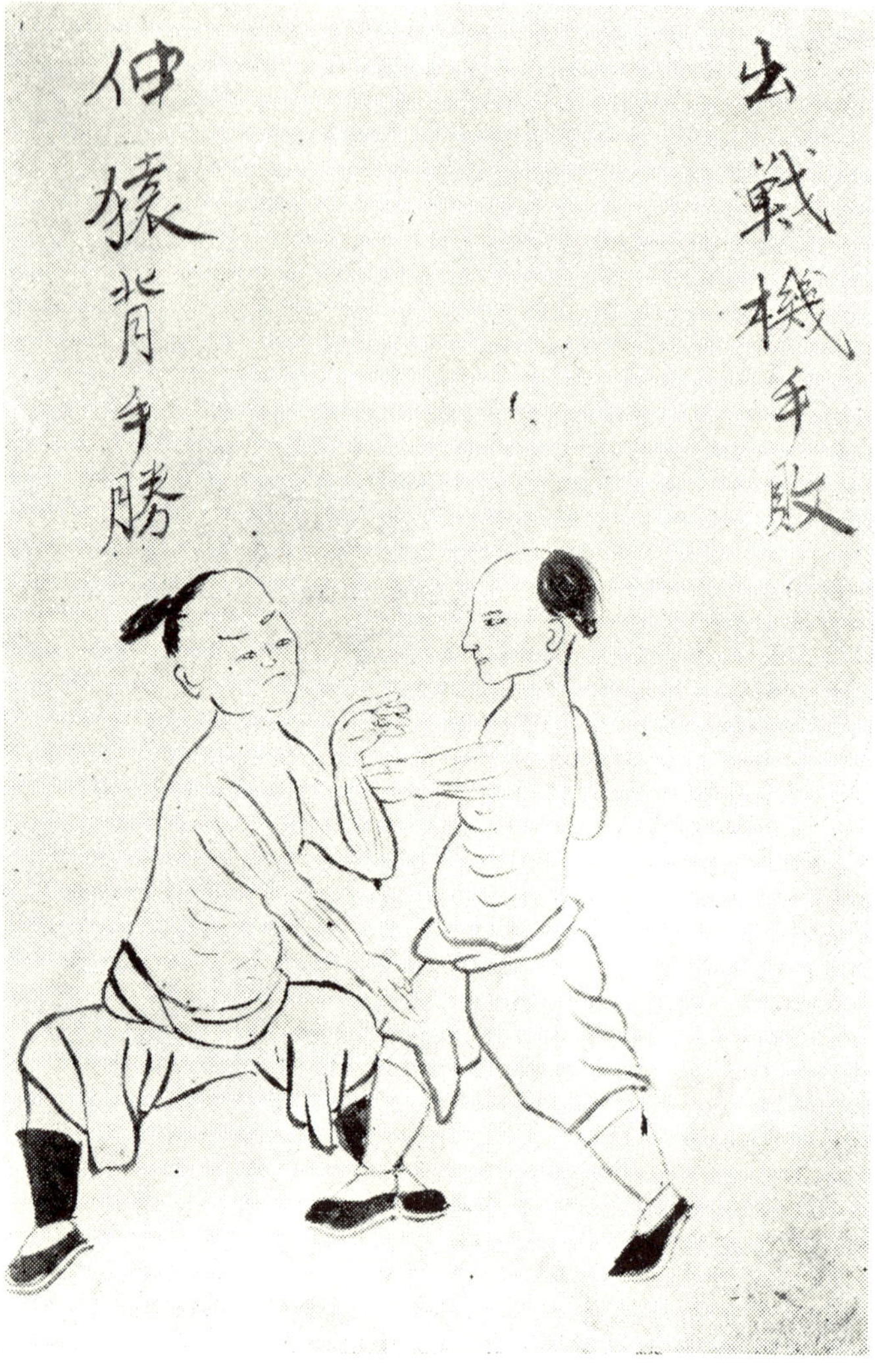
出戦機手敗
伸猿背手勝

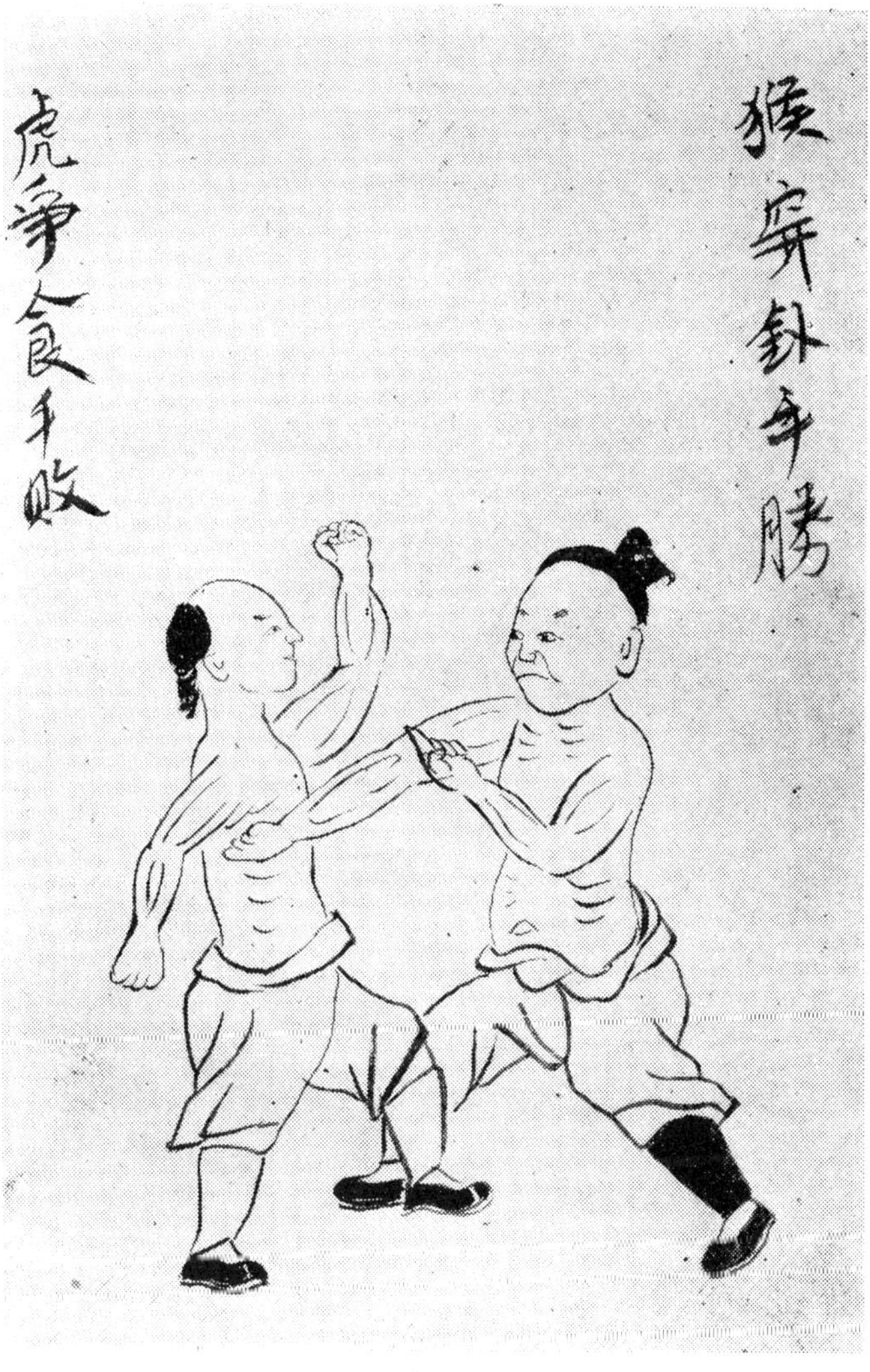
猴穿鈎手勝
虎爭食手敗

將軍抱仰手勝
孩兒抱達手敗

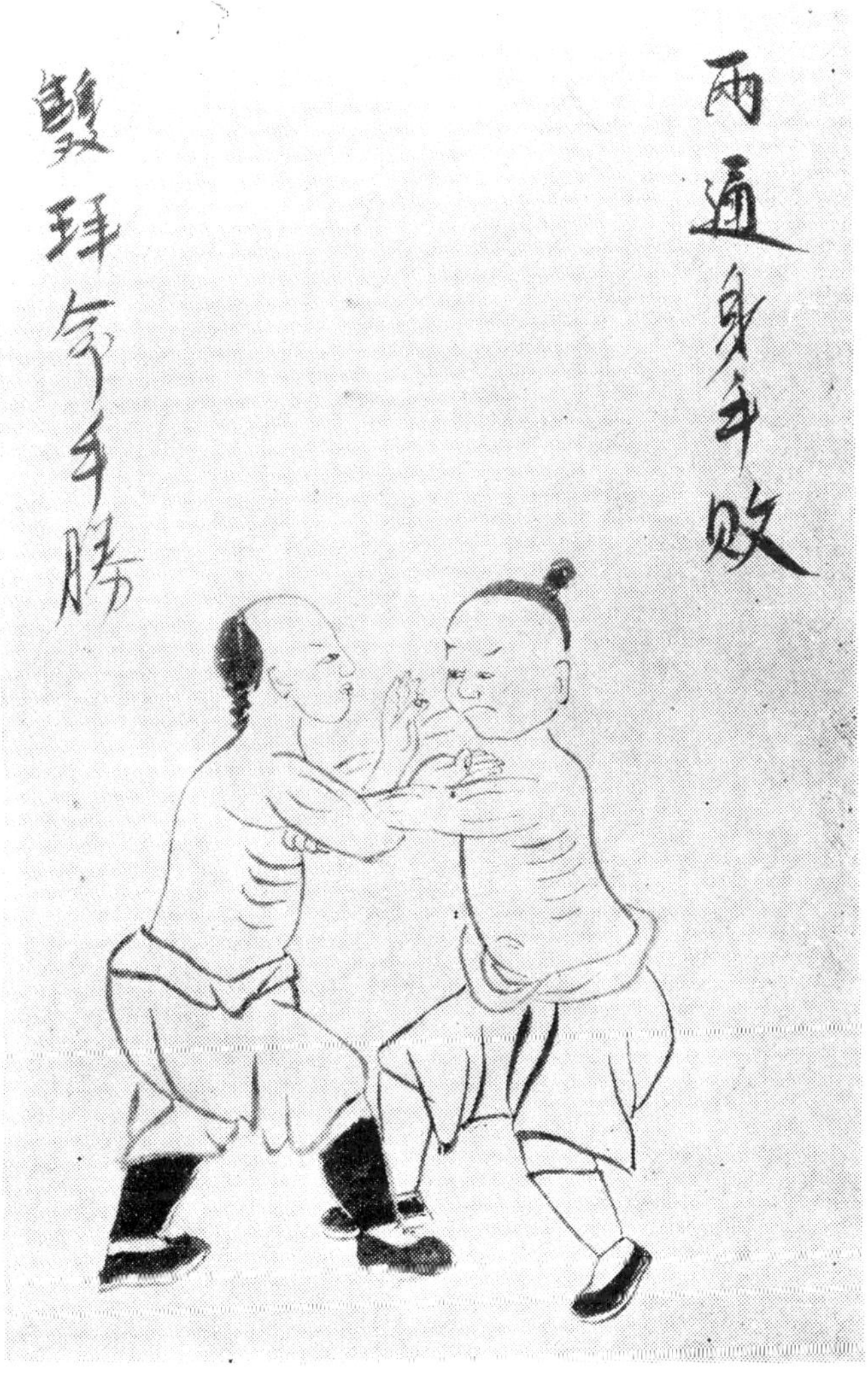
両通身手敗
雙拝合手勝

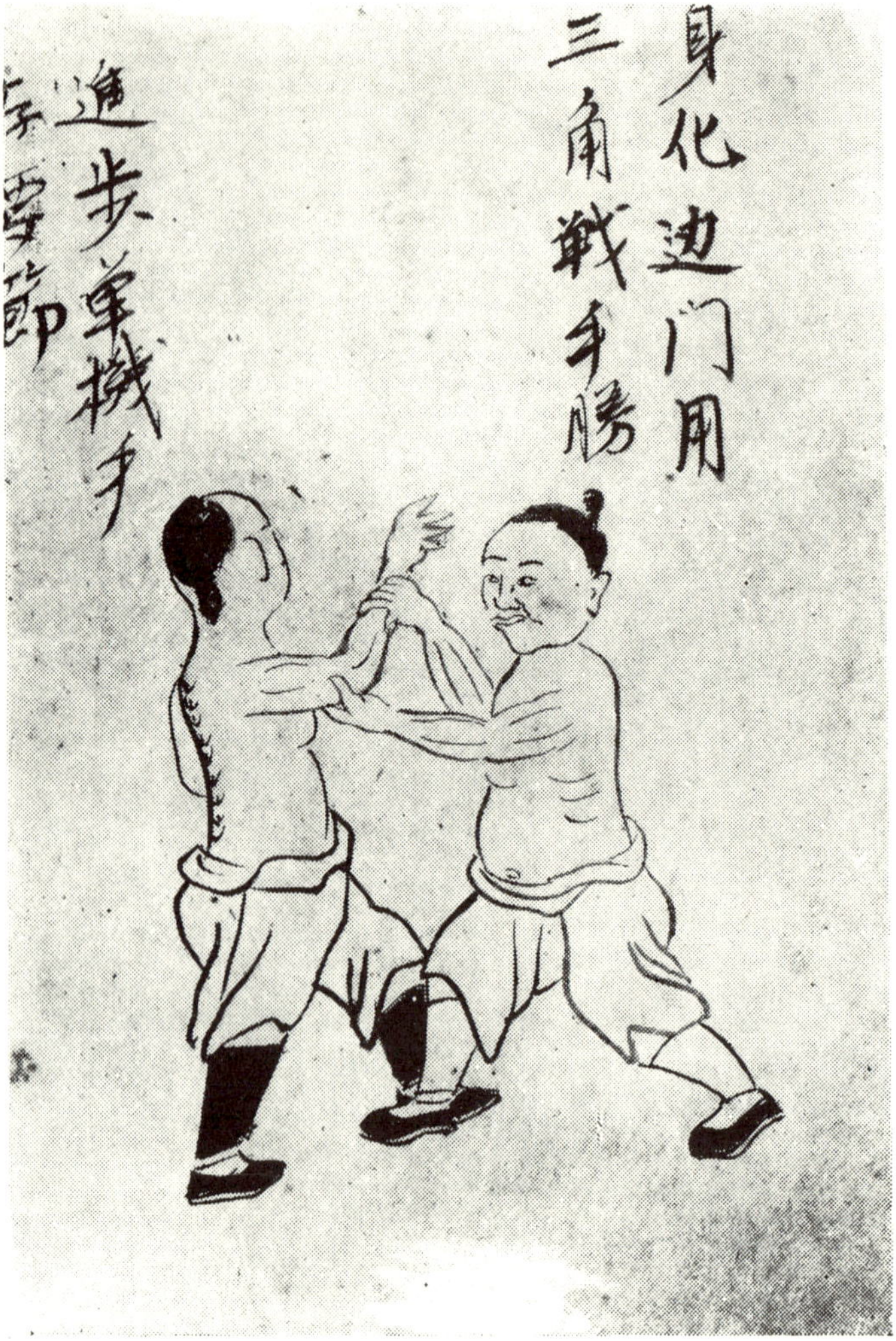

身化边门用
三角戰手勝
進步単機手
手要節

雙龍戲水手敗
獨掌金獅手勝

龍吐珠手敗
鳳展翅手勝

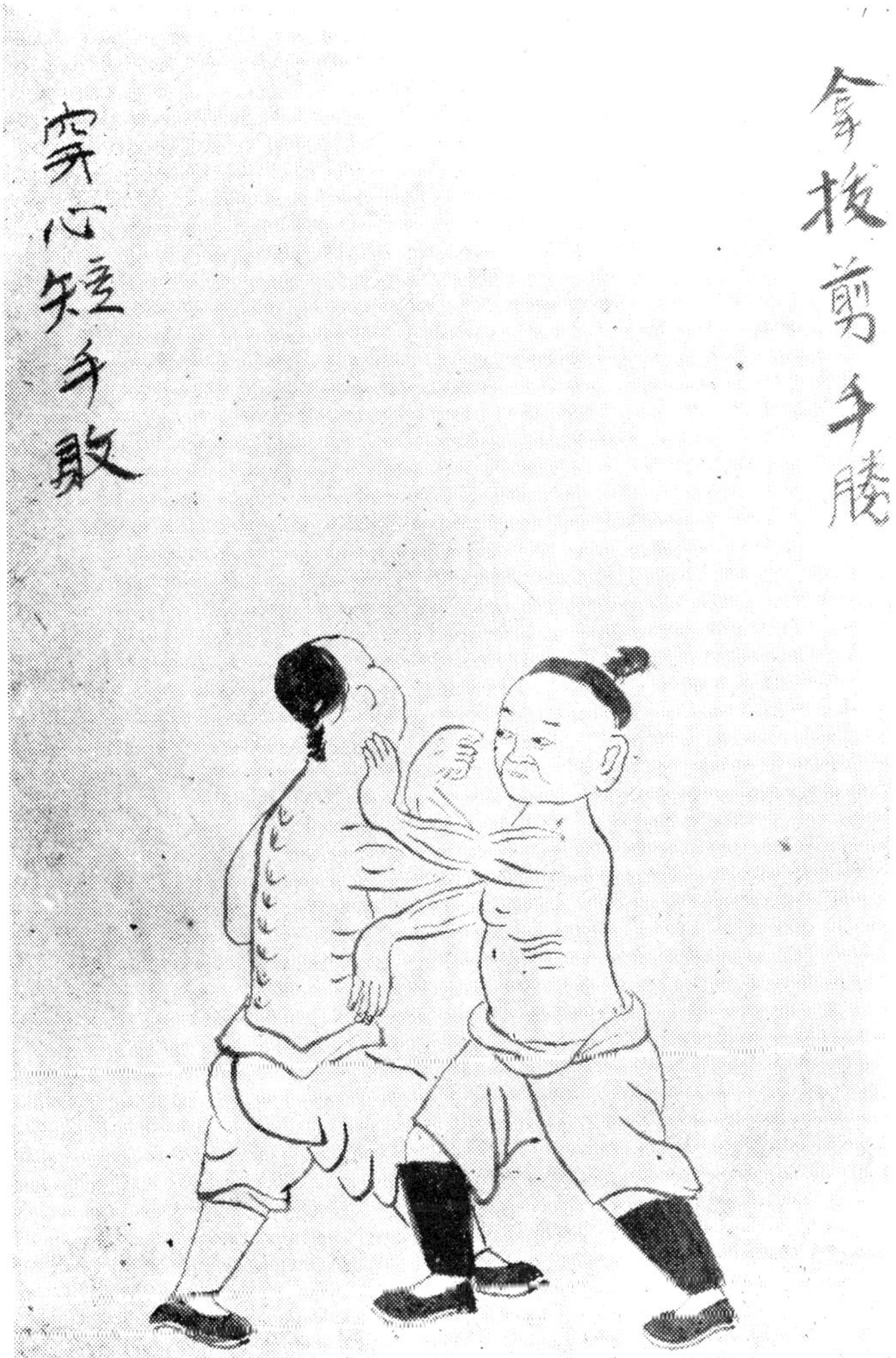
拿拔剪手勝
穿心短手敗

鎖喉寒陽手勝
扭髪撞腰手敗

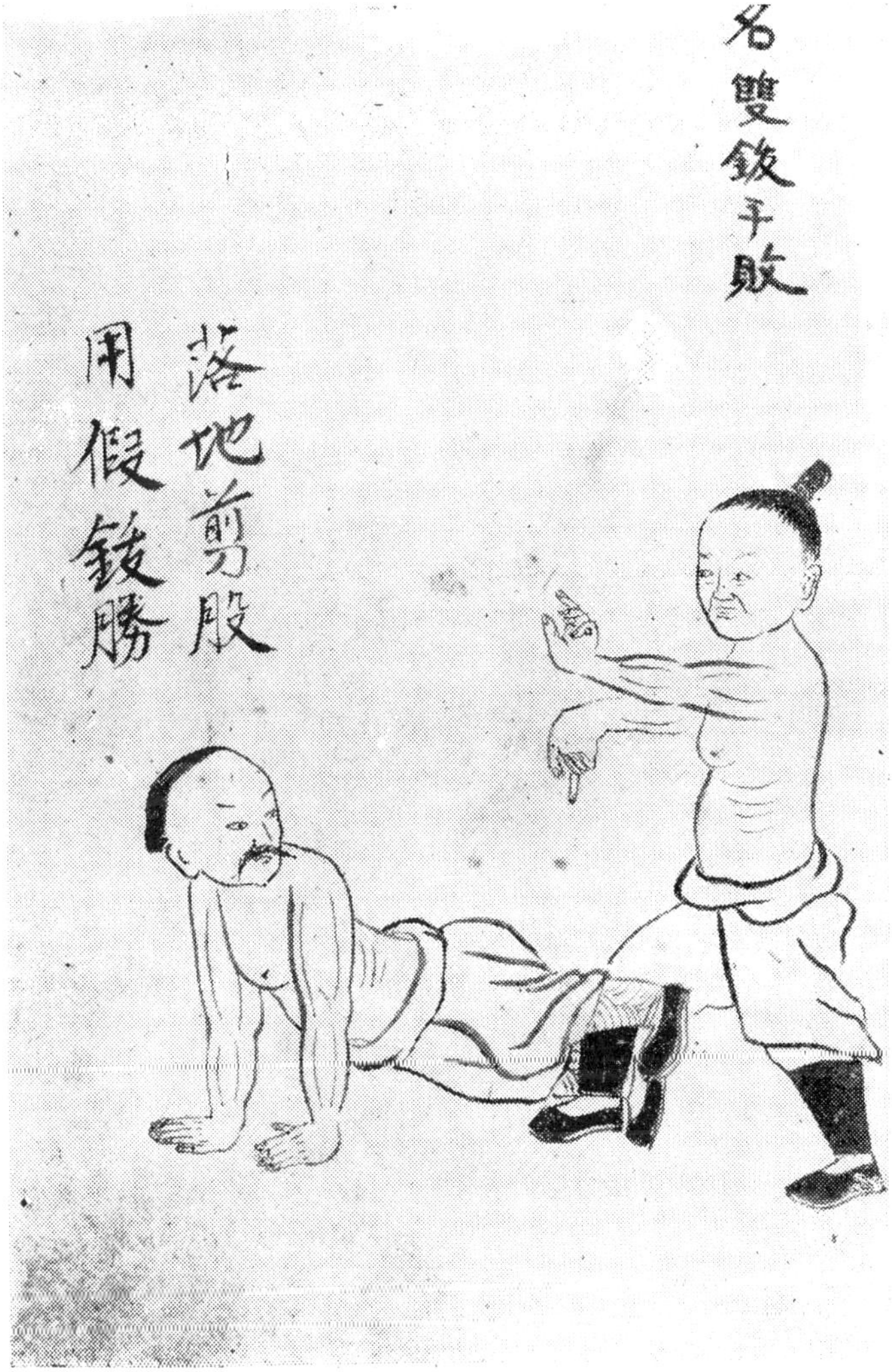
名雙鈸手敗
落地剪股
用假鈸勝

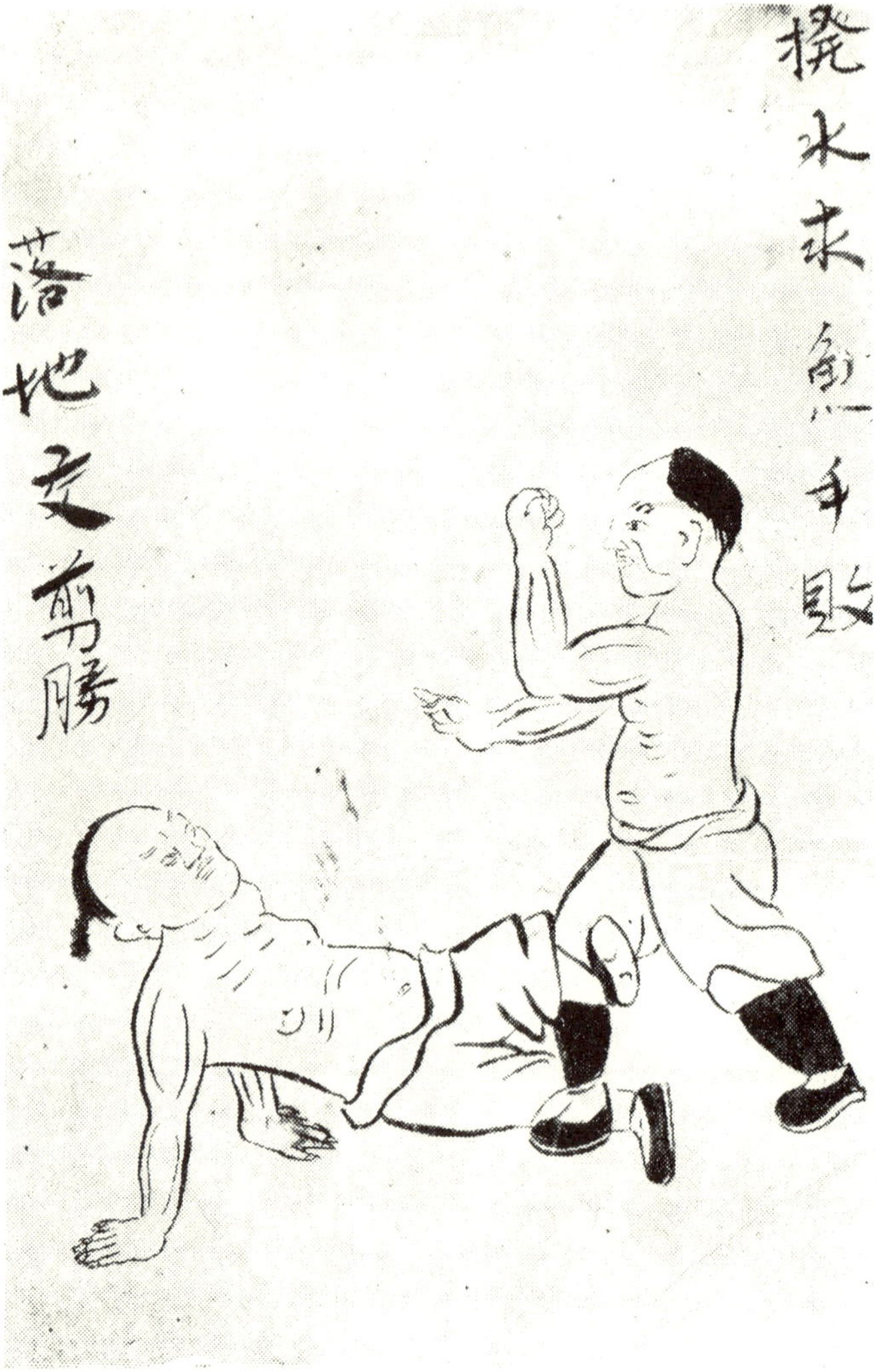
撓水來魚手敗
落地交剪勝

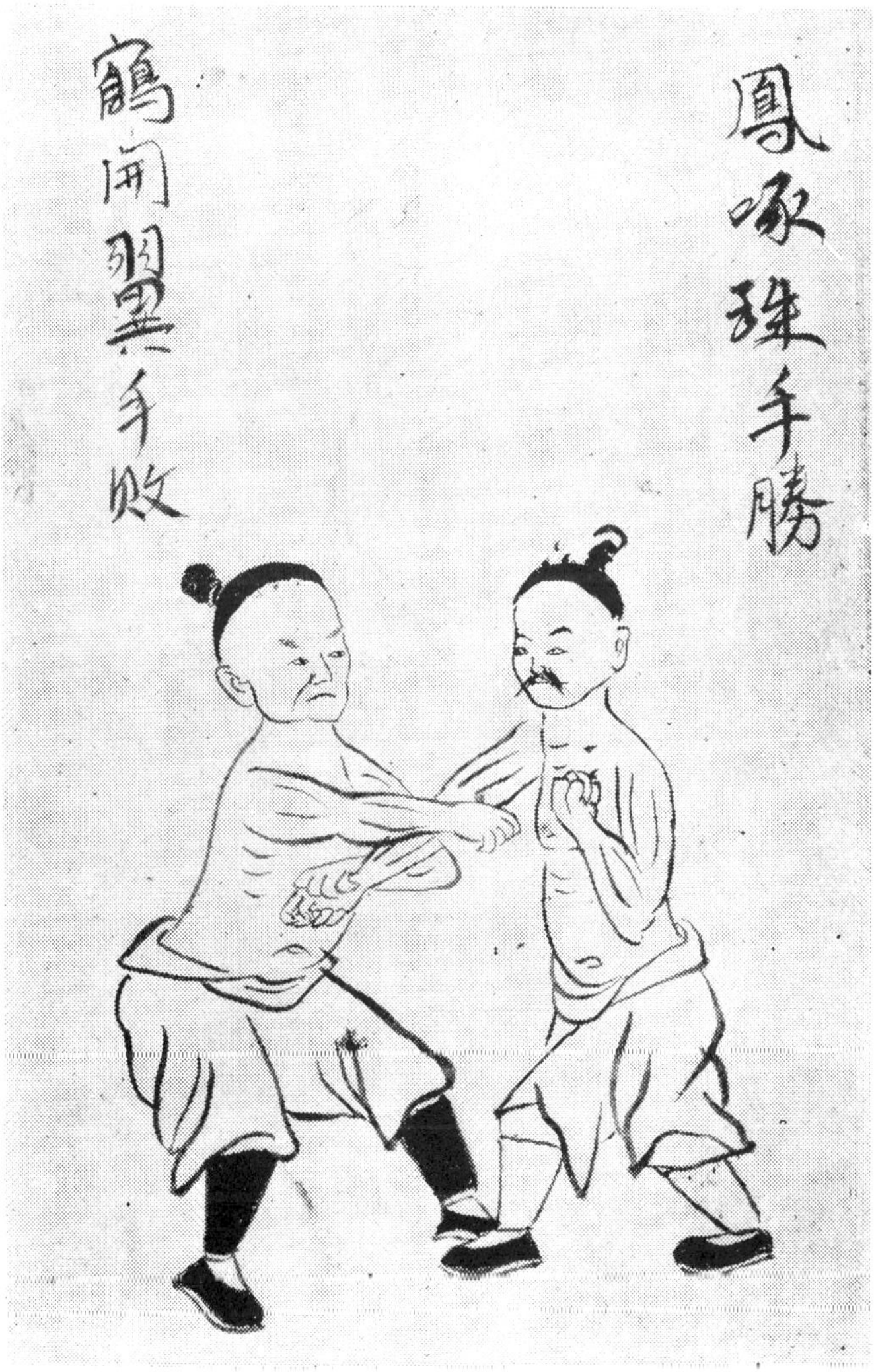
鳳啄珠手勝
鶴開翼手敗

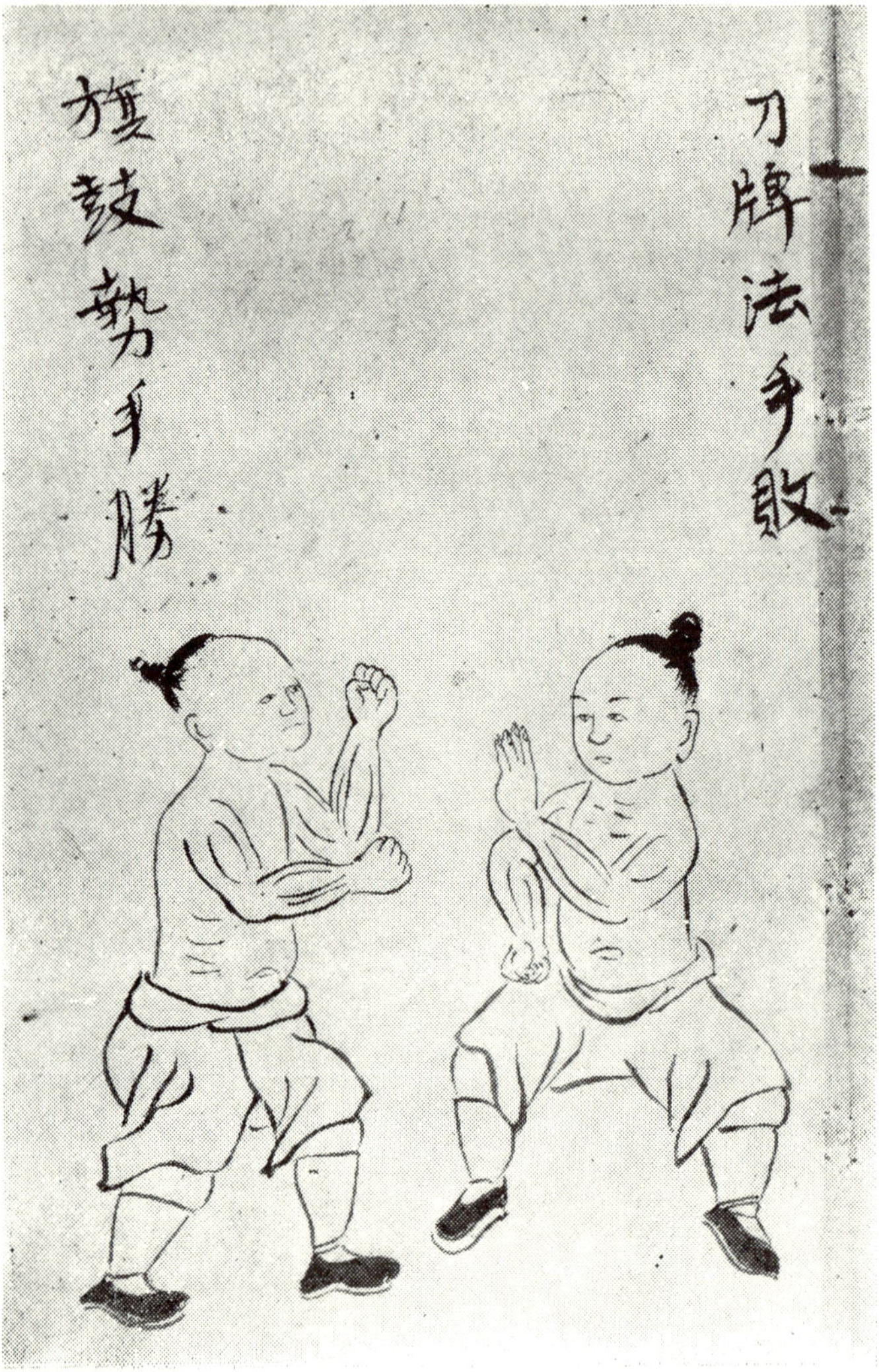
刀牌法手敗
旗鼓勢手勝

鯉魚落井敗上

金蝉脱殻勝下

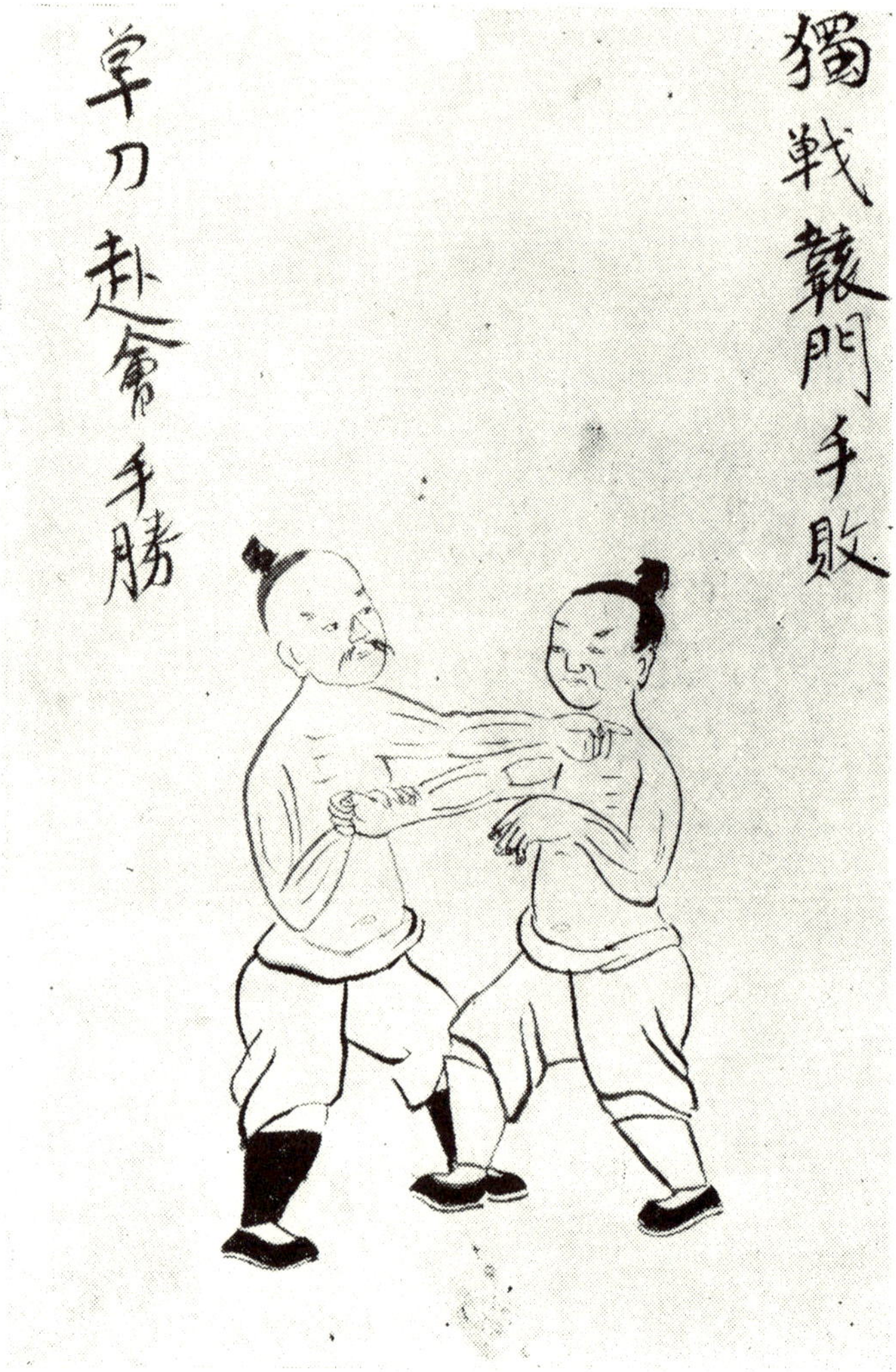
獨戦襄門手敗
掌刀赴會手勝

小鬼拔闖手勝
羅漢闖門敗

後背伏虎手敗
後亭棣標手勝

雷打樹手敗
雨残花手勝

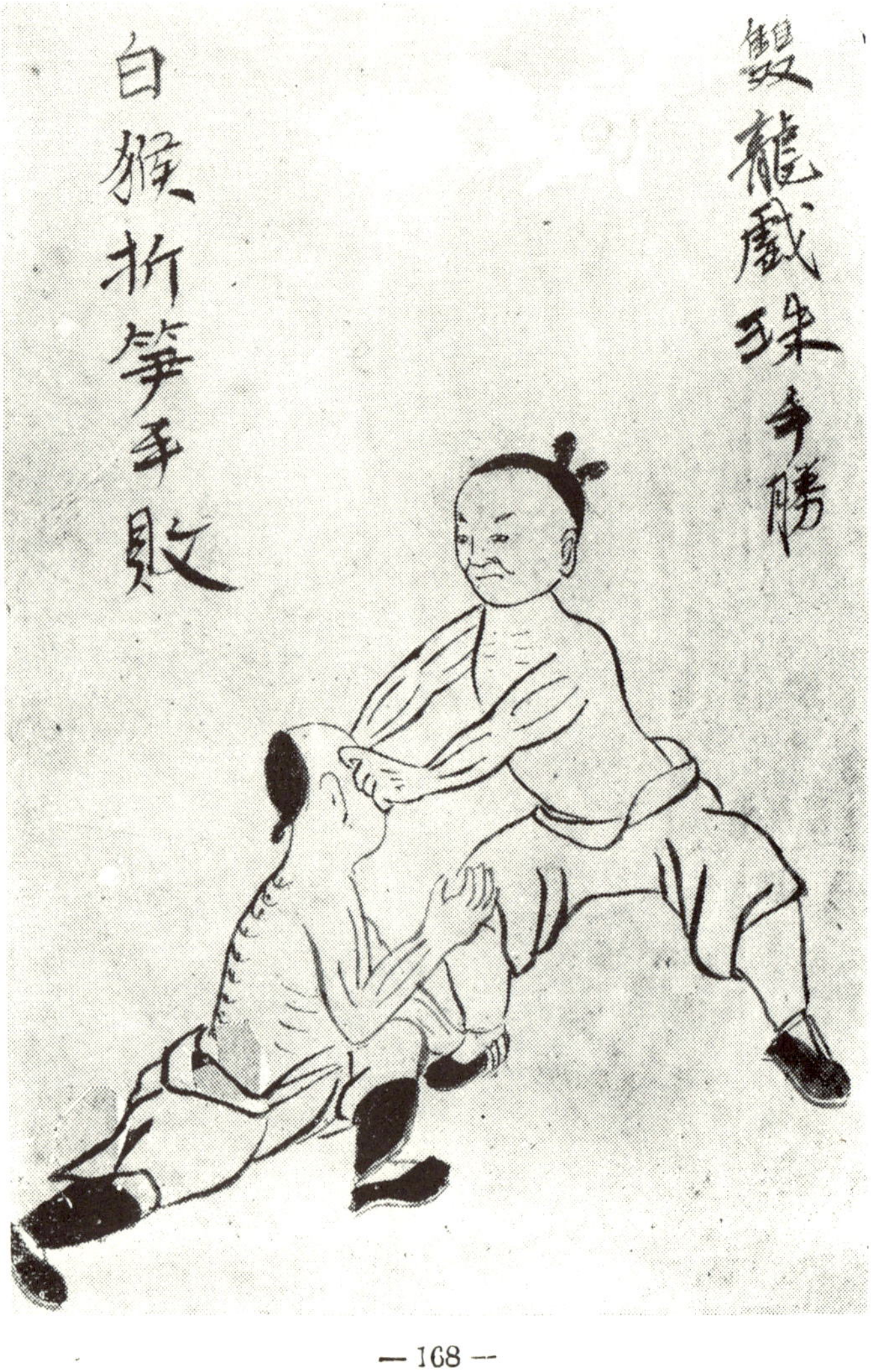
雙龍戲珠手勝
白猴折筝手敗

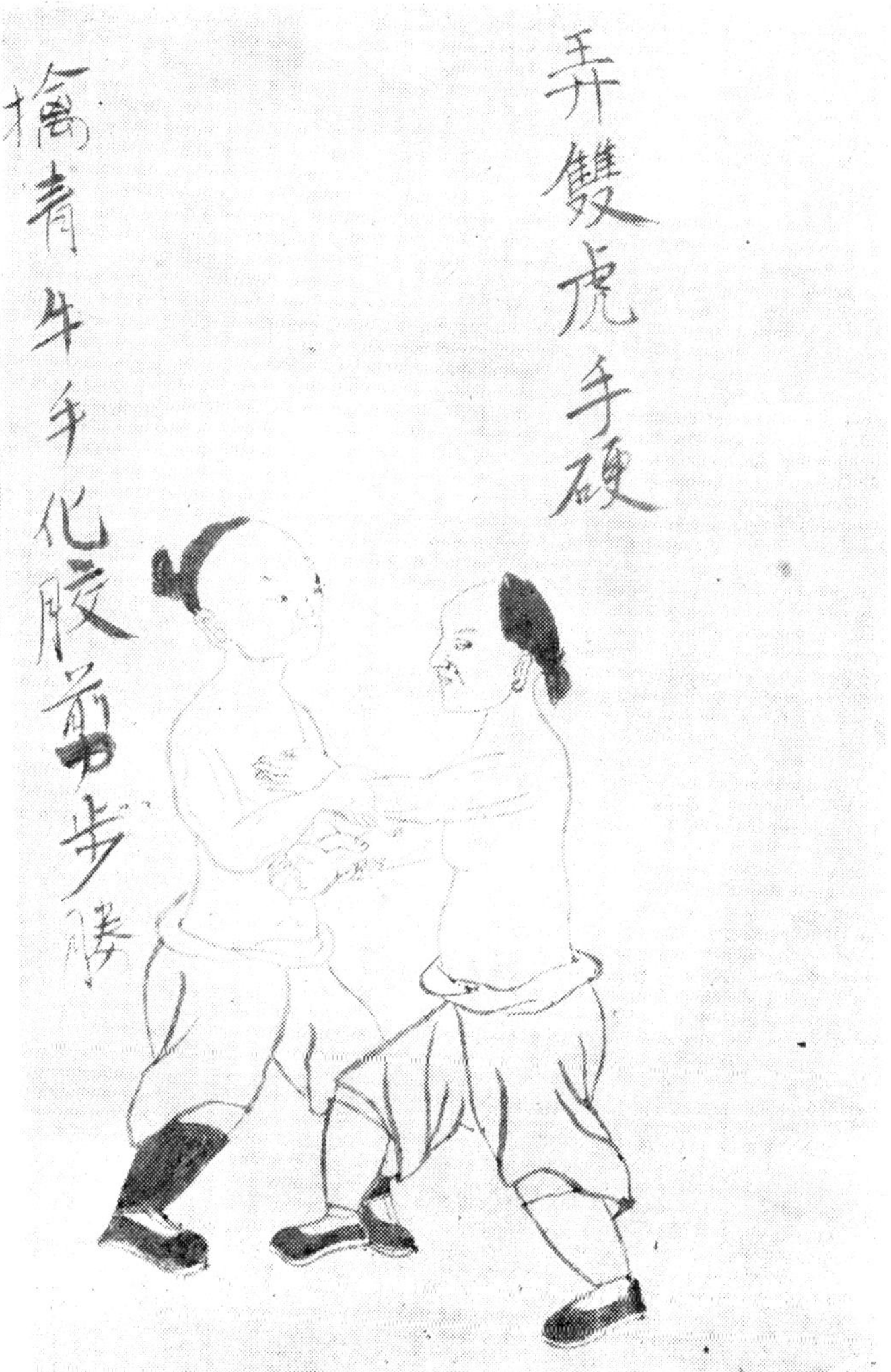
弄雙虎手破
擒青牛手化胶筋步腰

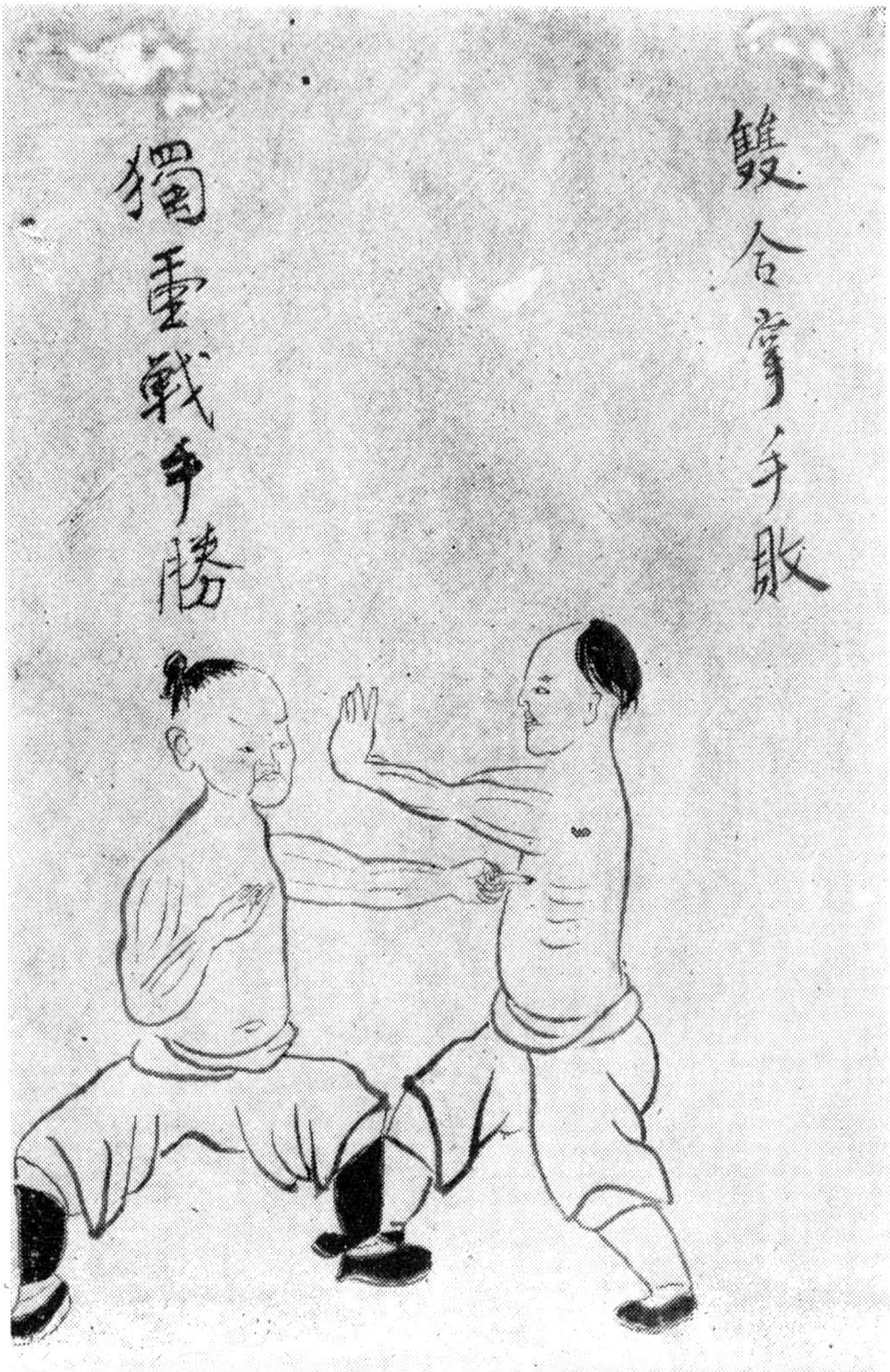
雙合掌手敗
獨墨戰手勝

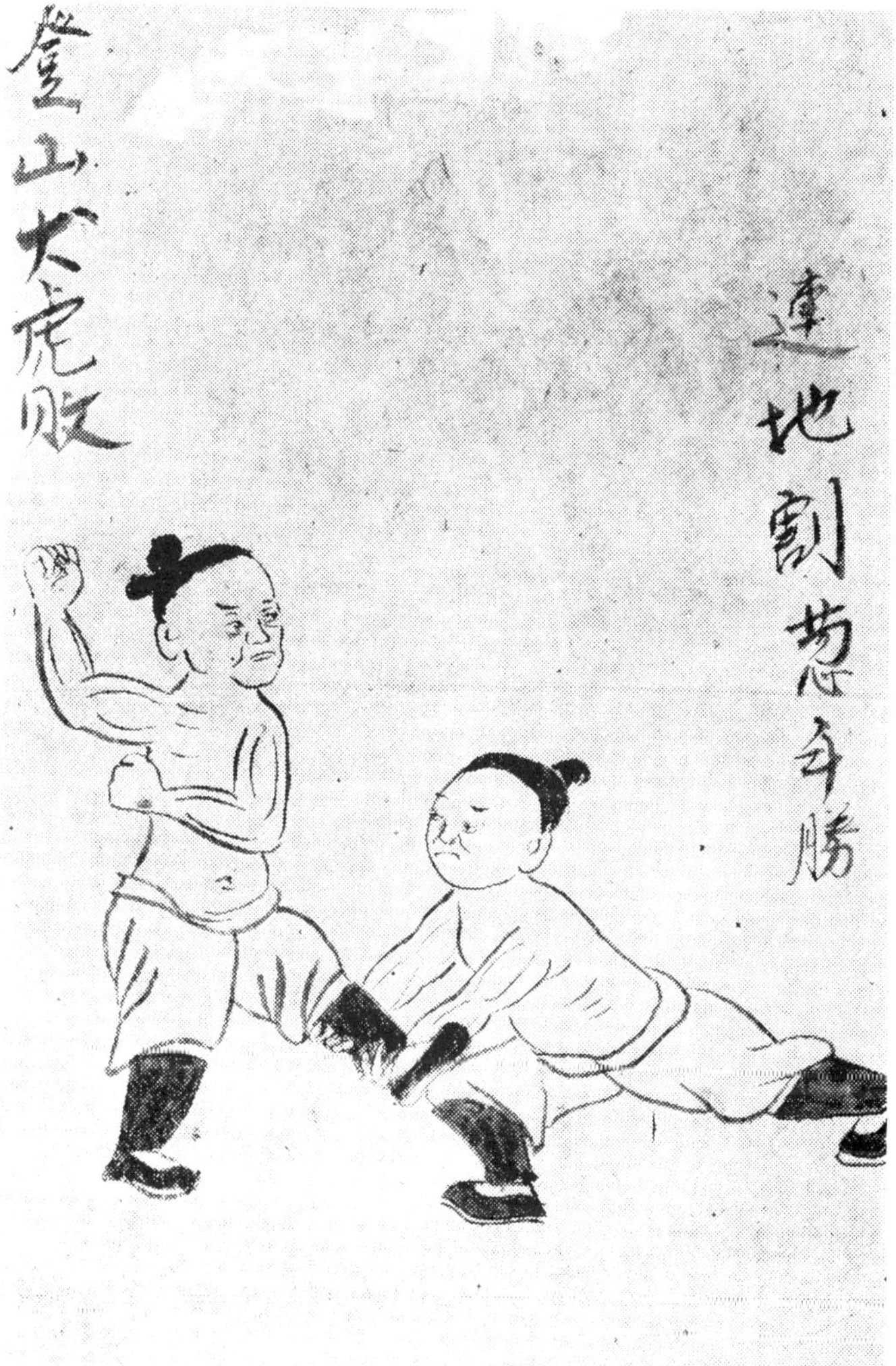

登山大虎敗
連地割葱手勝

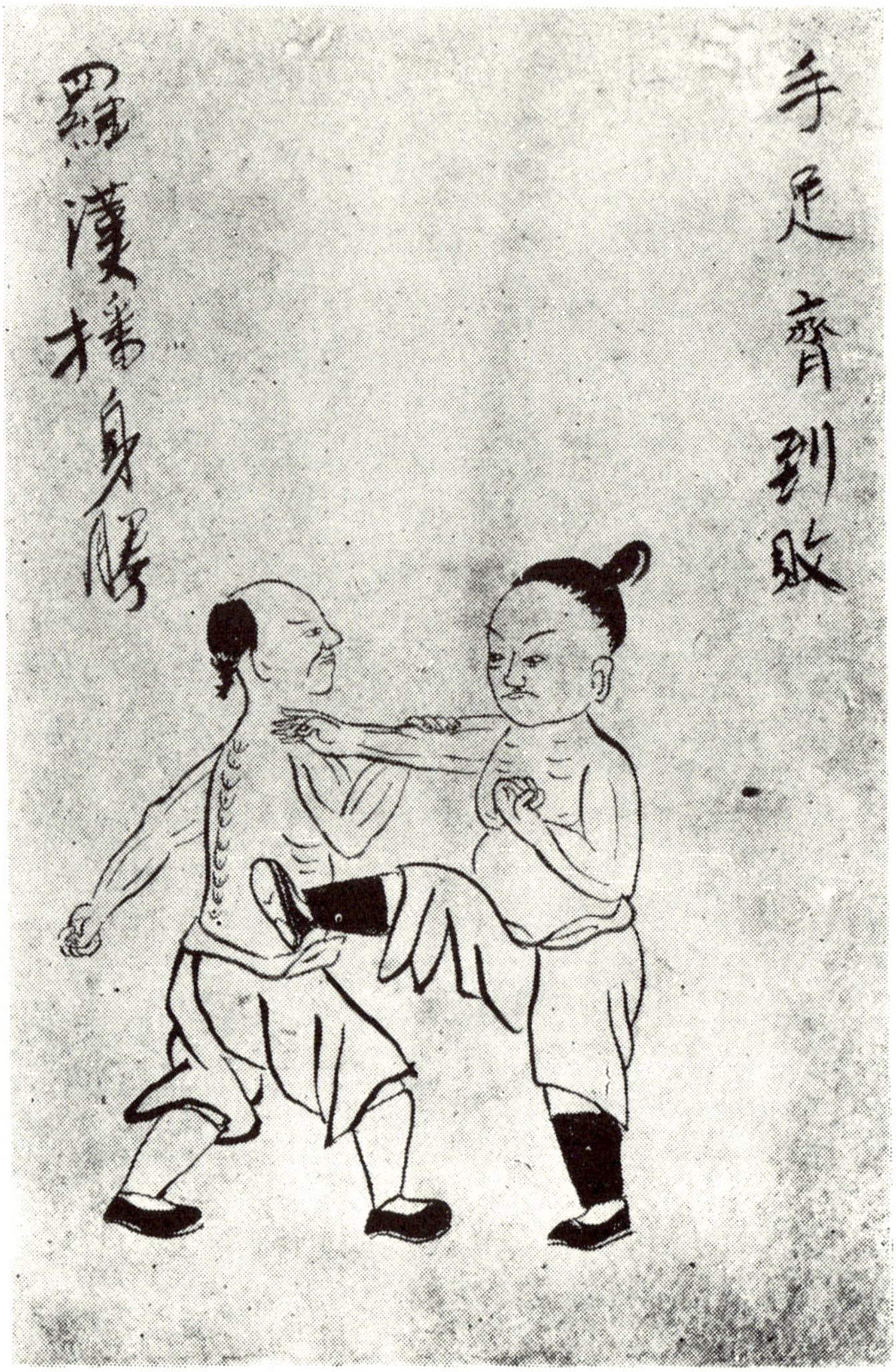
手足齊到敗
羅漢擒身勝

弄草枝手敗
醉羅漢勝

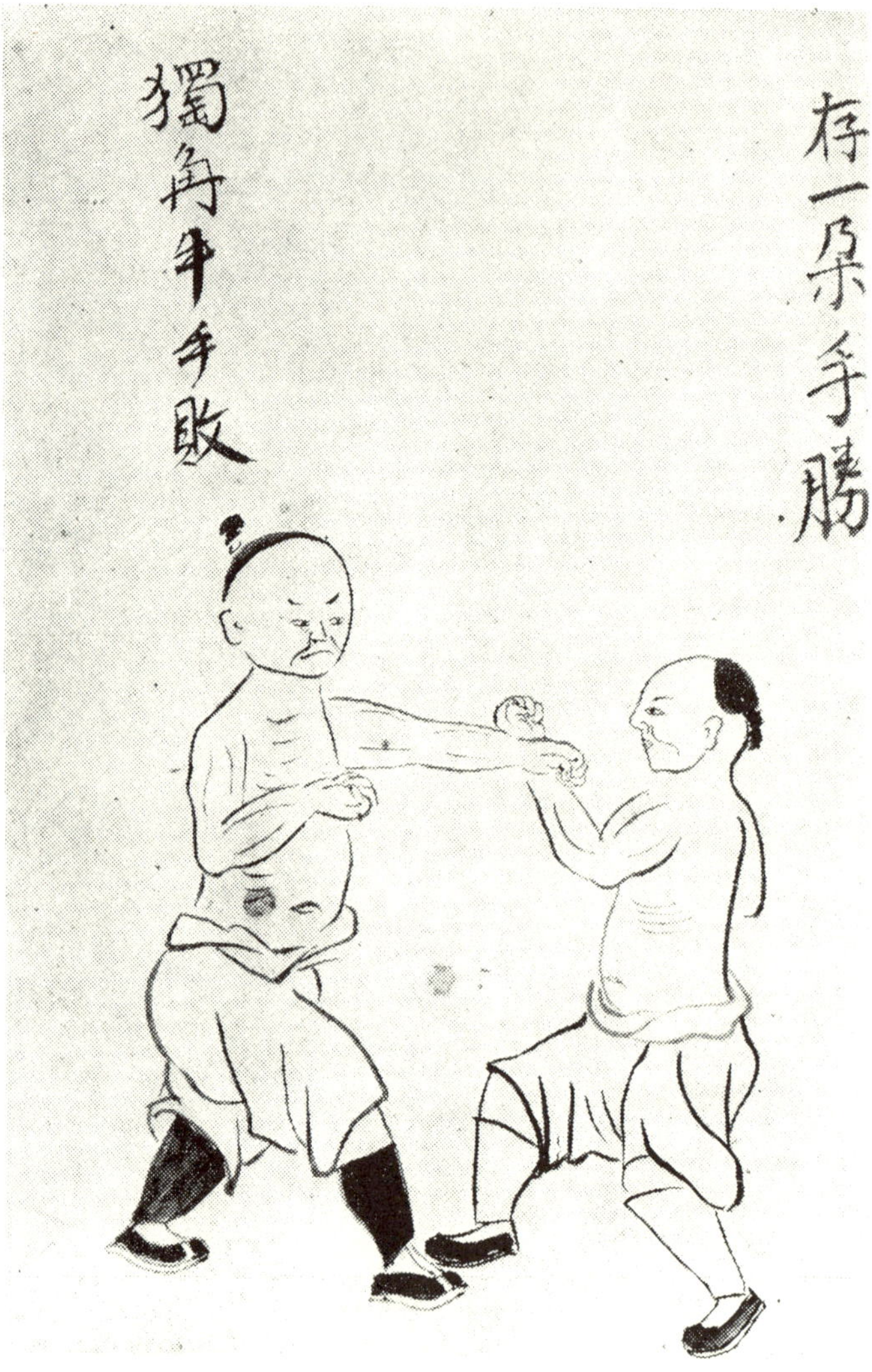
存一朶手勝
獨角爭手敗

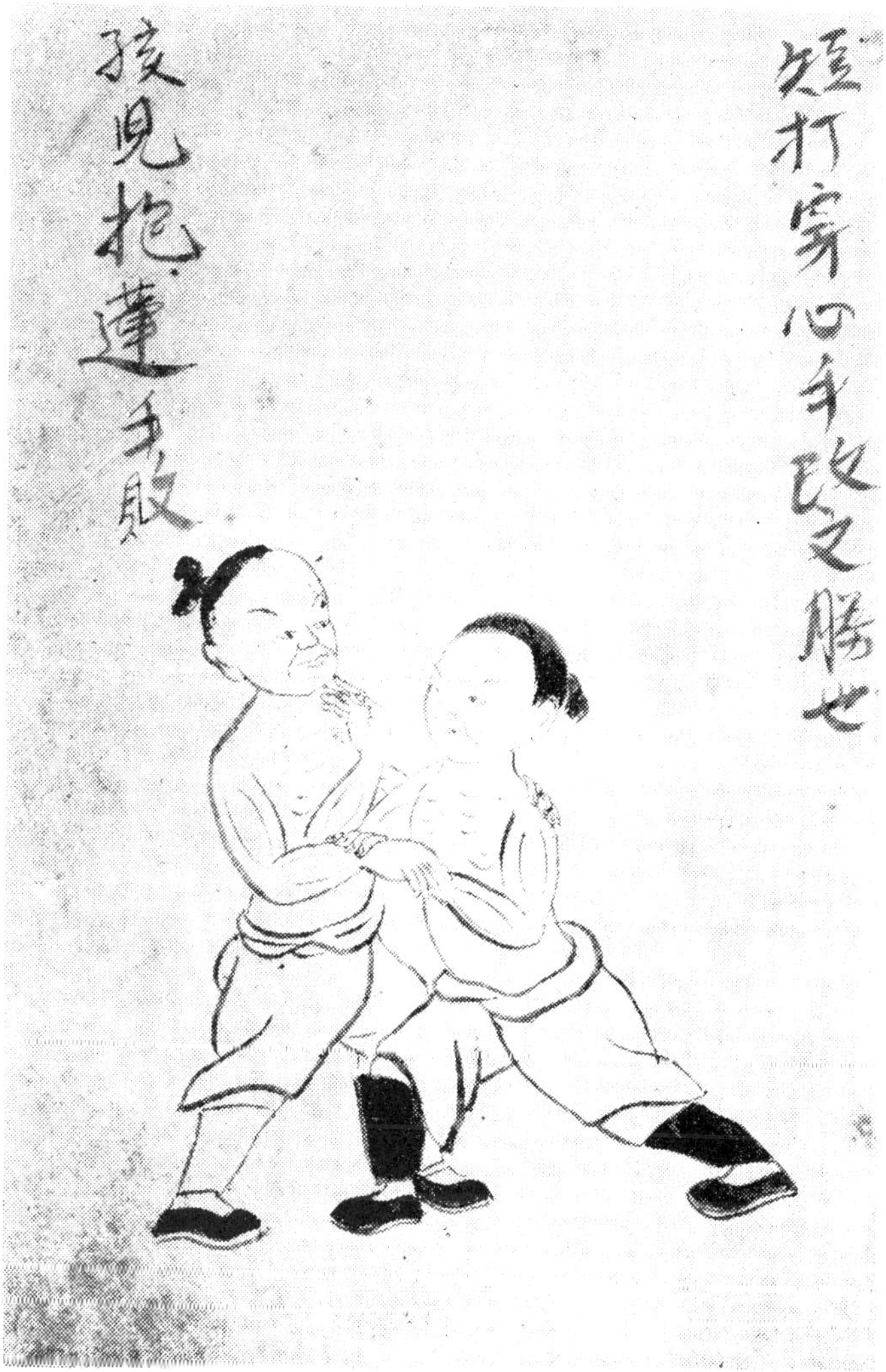
短打穿心手段之勝也
孩兒抱蓮手敗

孫武子云

「知レ彼知レ己百戰不レ殆。不レ知レ彼而知レ己一勝一負。不レ知レ彼不レ知レ己每戰必殆。故心先自家體認眞熟隨レ時變化。此所レ謂不レ戰而屈レ人。兵之極善者也。」

攻防自在 空手拳法 十八の研究 解説

津波 清

一 空手道の系譜と形の継承

沖縄で生まれた空手が日本全国に紹介されてからやがて一世紀を迎えることになるが、その流れは大きく三つの系統にわかれる。一つ目は船越義珍が伝えた「松濤館流」であり、二つ目は摩文仁賢和が伝えた「糸東流」であり、三つ目は宮城長順の「剛柔流」である。

摩文仁賢和は那覇手の東恩納寛量の弟子であると共に首里手の糸洲安恒に師事した愛弟子の一人でもある。しかし、首里手系に属する指定形「バッサイ大」は摩文仁の伝えた糸東流の形であるが、同じく糸洲安恒の愛弟子である知花朝信に継承された「糸洲パッサイ（パッサイ小ともいう）」「松村パッサイ（パッサイ大ともいう）」とは大きな差異が生じている。「バッサイ」や「パッサイ」は異質な形を指す名称ではなく言語表現上の違いである。

同じように「松濤館流」を確立した船越義珍は糸洲安恒と安里安恒の指導を受けているが、指定形として継承されている「観空（大）」は沖縄小林流の「クーサンクー（大）」の系統を引くものであるが、技法や技の解釈において大きな差異が生じている。指定形として紹介されている他の首里手系の形も大同小異である。

無形文化は伝承されていく過程でさまざまな変化をきたすものである。同じ師匠から受け継いだ技法も弟子の個性や技法に対する考え方の相違から変容していくのはやむをえない現象かもしれない。いかに正しく技法や型（形）を継承していくかは弟子同士のたゆまない交流と研鑽なくしては語れないのである。

空手発祥の地である沖縄県は空手が飛躍的に普及発展していく戦後（一九四五年以後一九七二まで）二七年間も米国の統治下におかれたのである。このような普及発展期の大切な時期に本土空手界と交流の機会を狭められたことが、型の伝承において厳しい状況を引き起こしたといえる。それにしても『セーパイの研究』に登場する「型」の写真解説は、剛柔流の創始者である宮城長順から直接指導を受け、弟子を育成してきた沖縄側の指導者たちの技法とほとんど同じであり、剛柔流系において正しく形の継承がなされてきたことを連想させてくれる。

二　沖縄空手道と鍛錬

沖縄空手道は「鍛錬法」や「型」の反復練習をとおして心身を鍛錬することと「型」に内包する武術的技法の研究が重要な要素となっている。中でも鍛錬法は空手に必要な基礎体力を養成する上で欠くことのできないものである。鍛錬法はマキワラやチーシ、サンチンガーミなど鍛錬器具を用いての鍛錬、相対しての小手鍛えやカキエーによる鍛錬、サンチンやナイファンチなど鍛錬型によるものなどがある。『セーパイの研究』で紹介された「空手の予備運動」は剛柔流系空手で受け継がれている準備運動に連動している。内容は『攻防自在護身術空手拳法』にすでに紹介したものを踏襲している。予備運動（鍛錬法に連動）がいかに重要であるかを重ねて強調しているのである。

三　剛柔流・糸東流とセーパイ

剛柔流は一九三〇年（昭和五）宮城長順によって「拳法之大要八句」の中の「法剛柔呑吐」の字句を参考にして命名された。もともと空手に流派名を唱えるのは反対の立場であったが、門弟の新里仁安が明治神宮大会で空手演武を行った際、流派名を聞かれ、返答に窮したことに起因しているといわれている。糸東流開祖摩文仁賢和は大阪で道場を開設した当初、剛柔流を名乗り、

「大日本拳法関西空手術研究会」を組織し、会長に就任していた。その後、首里手の師・糸洲安恒と那覇手の師・東恩納寛量の頭文字をとって糸東流を名乗ることとなる。昭和九年のことであり、初の著書である『護身術空手拳法』『セーパイの研究』の発刊と軌を一にしている。

十八（セーパイ）は剛柔流の形の中でも適度な長さを有した形である。空手道競技が国民体育大会の正式競技として認定された時、形と組手（寸止め）が正式種目として採用されることになった。しかし、形の試合は一体なにを基準に採点するのか、難しい問題に直面した。この難問を解決するために考え出されたのが指定形であった。

指定形の選定はさまざまな論議を呼ぶ中で、一九八二年全日本空手道連盟に加盟する剛柔流・和道流・松濤館流・糸東流の四大流派から代表的な形二つずつ出し合い八つの形を指定した。十八（セーパイ）は剛柔流からサイファと共に推薦されたものである。摩文仁賢和が関西で伝えたころのものと、現在の指定形、『沖縄伝　剛柔流空手道』（以後剛柔流空手道という、宮里栄一著、一九七八）の形の三者を比較しながら異同について検討してみる。

指定形などでは結び立ちから両爪先を軸に平行立ちとなる。『セーパイの研究』では写真解説でこの平行立ちの部分が省略され、結び立ちからすぐに左足を後方に引いて右四股立ちに展開している。『セーパイの研究』では第五図の解説として「左手は水月より足部に向けて手刀にて打ち落とす気持ちにて左足の処に下げ……」となっているが、指定形の解説書である『空手道形教範』（以後、形教範という）や『剛柔流空手道』では掌低当てになっている。この違いは技法の解釈にも現れている。『セーパイの研究』第五図の解釈として「分解第三図」の解説で「敵が我が腹部を蹴らんとする時、我は体を斜めに向け、腰をねじ、同時に左手にて図の如く下段払い受けをなす。」とある。『剛柔流空手道』では「上段受け金的へ掌低を当てる」とあり、『形教範』も同様の解釈である。左手による中段裏受けは『セーパイの研究』では右の中段突きを裏受けしているが、「形教範」では左中段突きを裏受けしている。『セーパイの研究』では型第五六七八九図の一連の解釈の中で手刀下段払いに続いて右の中段突きを裏受けし、手刀で敵の首筋に反撃し、さらに左中段突きで攻撃してきた場合は右手刀で横打ちして防御する、となっている。形の分解においては下段への手刀受けか、掌低による金的への攻撃かの解釈の違いによって、それに続く技の解釈も異なってくるようである。

『セーパイの研究』における型第十、十一、十二、十三の解釈では二通りの分解が紹介されている。ここでは「右拳は下より上に円形を描くようにして横受けをなし」の部分の解釈で、敵の攻撃が右足による前蹴りから中段突きを想定するか、前蹴りを想定しないかによって解釈が分かれてくる。指定形では前蹴りから中段突きを想定しているのに対し、『セーパイの研究』では前蹴りは想定されていない。一つの動作を技とみなすか、否かによって解釈も違ってくるのである。『セーパイの研究』第十四図は「左掌を下より上に円形を画く気持ちにて、左足側の処に払い受けをなし」とある。一方指定形では「左開掌を右肩前より回して掌低にて下段押さえ受け」とある。ここでも微妙な解釈の違いが生まれている。第十五図～第十八図の解釈は指定形の解釈とほぼ同じである。最後の止めの攻撃を一本拳にするか、正拳にするかの違いだけである。

『セーパイの研究』は約七十年前に出版されているが、現在受け継がれている「型」とほとんど変わりがなく、剛柔流の「型」が正確に受け継がれてきたことが伺える。型の解釈についてはは応用技、変化技が多く想定できるから、現在の「指定形」などと異同が生じているとしても無理からぬ話である。

『セーパイの研究』について解説を試みている私自身は沖縄小林流を修業している者である。その意味では那覇手に属する型を解説するのは少々戸惑いもある。しかし、他流派の立場から分析・検討するのも空手研究を多角的に進める上で必要と思い、試みてみた。

四　「武備志」の伝承と研究

附録として紹介されている「武備誌」について本書では「武備誌は古来空手研究大家の手に写本として秘蔵せられ、今日まで絶対に公表されたことのない珍本である。此度、摩文仁師範の御好意に依り、此の秘伝書をはじめて公表することとなった。空手を語るほどの人は、何人といへども、本書を手にして驚喜せらるるであろう。発行者誌」とある。摩文仁賢和自身は「参考資料記載について」と題し、「我恩師糸洲先生が支那の武備誌と云う拳法の書籍より写されたものを、拝借して之れを写し、今まで研究参考の材料として非常に大切に秘密に蔵して居たが、友人の勧めもあり、又目下空手拳法の全盛時代、一日として自己一人の私するに忍びず、遂に之れを記載せし所以である。熱心なる研究者に少しでも益する事が出来れば幸甚の至りである。」と述べている。

内容は「一、六氣手（昭林流）　二、解脱法　三、拳足筋骨立様（邵霊寺流）　四、古法大剛論章　五、十二時血脈的死注氣大位急持可用不可動　六、七不打　七、不治症　八、十二時辰血脈薬方神効　九、組手型　十、孫武子云」となっている。

武備志に関しては『沖縄伝武備志』（大塚忠彦訳　ベースボール・マガジン社　一九八六）と『秘伝　武備志新釈』（著者　渡嘉敷唯賢　一九九五）の二冊の研究書が出版されている。両方とも宮城長順が所持していたものの写本を基にしている。内容の面で「拳足筋骨立様」「十二時血脈的死注氣大位急持可用不可動」の二点が両書に欠落しているが、参考資料の「武備誌」では両書の内容が欠落している部分もある。

いったい沖縄に武術書としての「武備志」がいつごろ、どのようにして伝えられたかは不明である。一説には高相杰本・糸洲安恒本・唐大其本・宮城朝順本・摩文仁賢和本・富名腰義珍本などが存在していたといわれている。(1)

「『秘伝　武備志新釈』の出版を祝す」として一文を寄せた宮城篤正氏は「武備志」の伝播経路を四つのタイプに分類し、宮城長順本をAタイプ、糸洲安恒本をBタイプ、比嘉佑直氏が持っていたとされる『沖縄特有武術書』をCタイプ、「唐手佐久川が松村宗棍に残した一六枚綴りの資料」をDタイプの資料として分類し、沖縄空手との関連性について論及している。(2)

「沖縄伝武備志」が戚継光(生年不詳~一五八七)の著した『紀効新書』十八巻(一五八四)や茅元儀(一五九四~一六三七?)編著の『武備志』二百四十巻(一六二〇)との関係はあるのか、ないのか興味は尽きないものがある。沖縄空手の発生や技法を考えるとき、中国伝来の武術書が大いに研究され、影響を与えたであろうことは推測できる。このような意味で『十八の研究』に掲載された秘書「武備誌」は貴重な資料といえる。

(1)『対談　近代空手道の歴史を語る』　儀間真謹・藤原稜三　ベースボール・マガジン社　一九八六

（2）宮城篤正氏は四つのタイプの武備志の分析から「古くから首里手系の空手人は武備志の研究・解釈の上に沖縄特有の空手武術書を書きあげ、秘かに伝承してきたとも考えられます。」と興味深い論を展開している。さらに「元来、沖縄空手そのものが秘密裏に伝承されて来た性格と同様に昔から武術関係資料も上手に隠匿されてきました。それがようやく明治以降になって割合に空手が表面に出てくる時期とも符合して、特別の弟子には口伝の他に武術書等の筆写を許可するようになってきたと考えられます。その後、沖縄戦によって武術資料も多くの貴重な文化財同様に消失または紛失の運命を辿ったのは残念でなりません。」と述べています。なお、武備志の「志」について、附録では「誌」を使用しているのでそのまま用いた。

（3）空手の「カタ」の漢字表記に関して「型」か「形」のどちらを用いるべきか、について論争になったことがある。どの字をあてはめるべきかの結論には到達しておらず、まだ混同されている場合が多いようである。本論ではそれぞれの著書に採用されている表記を主として用いた。

（浦添市立図書館館長・沖縄小林流空手道九段）

昭和九年十月二十三日印刷納本
昭和九年十月二十五日發行

空手拳法十八の研究
定價金壹圓五拾錢
（送料八錢）

著者　摩文仁賢和
大阪市西成區津守町四一三

發行兼印刷人　仲宗根源和
東京市下谷區谷中清水町二〇

發行所　空手研究社　興武館
東京市下谷區谷中清水町二〇
振替東京三九七七三番

發賣所

栗田書店
東京市神田區表神保町二
電話神田二二八九番

照林堂書店
東京市神田區錦町一ノ二
電話神田二七九八番

柳原書店
大阪市東區北久太郎町四ノ一六
電話船長四一四・四七九〇番

攻防自在 **護身術空手拳法** に對する世評の一部。

◇**大阪毎日新聞** 「著者は知られた達人、空手拳法の大要を極めて簡潔に、ユーモラスな圖解入で説きつくしてある。」

◇**報知新聞** 「板割や瓦割が空手術の全般ではなく寧ろそれは餘技に過ぎなかつた。本書は斯道の大家たる著者がうん奥を披れきして詳細平易に指導せんとしたものである。」

◇**北信毎日新聞** 「時節柄男女共一讀すべき書物である。繪入りで親切丁寧に説明してあるから何人にもよくわかる」

◇**中國民報** 「往昔達磨大師が子弟に教授した拳禪一味の健康法修養法としての拳法が琉球に傳はり、武術として特殊の發達をなした。此の秘法相傳の空手も今日は各地に普及されてゐる。本書は身に寸鐵を帶びずして攻防自在、時間も金もかゝらず個人でも團體でも練習出來る護身術として又健康法として理想的のものである。」

◇**小樽新聞** 「現今行はれてゐる强健術、武術の中で老幼男女を問はず誰れでも容易にかつ自由に行はれ、しかも十二分の効果をあげ得るものは空手術であるとして時代に適應せるところ今や全國的に普及せられ各方面で空手熱が盛んとなつてゐる。本書は剛柔流空手拳法大家にして關西大學その他各學校の師範摩文仁賢和氏が多年の鍛練の結果を平易簡明にしかも一つ一つ挿繪を用ひて親切に教へた書である。」

大日本拳法關西空手術研究會々長
關西大學其他各學校空手師範
剛柔流空手拳法大家

摩文仁賢和先生著

摩《マ》文《ブ》仁《ニ》流 空《カラ》手《テ》拳法 女子護身術

◇四六判振假名付箱入◇
◇挿繪寫眞版數十個入◇
◇定價金壹圓廿錢（送料八錢）◇

近刊

女子が護身術として空手を稽古するにしても男子とはその行き方を異にしなければならぬ。こゝに留意したる著者は、空手教材の豊富なる點に於て天下無双の稱ある其の薀蓄を傾けて苦心研究し、如何なる身分の御婦人方にもその優雅さを失ふことなしに稽古出來る新らしき型（青柳、明星）を編み出された。女學生も貴婦人淑女も職業婦人も家庭婦人も、年齢の如何を問はず、本書に就きて研究し練習して身に振りかゝる不意の危險をも柳に風と受け流し、明星の如く高潔なる婦徳を護持せられよ。

日本婦人は學校を卒業すると運動をやめてしまふので種々健康上の故障が起り易い。學校は勿論各家庭にても是非健康法として護身術として本書を活用せられんことをお奬め致します。

發行所
東京市上野公園護國院大黑天脇
振替東京三九七六三番
（空手研究社）
興武館

最新沖繩縣風景寫眞帖

鮮明寫眞版二百五十面・アート紙印刷

◆四六倍判美本◆
◆特價金二圓半◆
◆送料十二錢◆

空手の本場を
机上にて遊覽する

「武器の無い國」として大ナポレオンを驚かした國、武器のいらない武術空手の本場、昔の琉球王國即ち今の沖繩縣とは如何なる風物の土地か。詩の國、歌の國、踊の島、そして又自然の温室。沖繩こそは**空手研究者の是非一通り心得置くべき話題である。**

本寫眞帖は特輯附錄と併せて、人情風俗風景産業等に至るまで百般を其地に實地遊覽するが如く興味津々として貴下の机上に南國氣分を豐かに展開する、乞ふ一本を備へられよ！

特輯大附錄（沖繩の歴史、民謡、演劇、昔噺）

東京市下谷區谷中清水町二〇番地
興武館（空手研究社）

摩文仁賢和（まぶに　けんわ・明治22〜昭和27）

首里に生る。糸洲安垣・東恩納寛量に師事し、又多和田派のサイを習う。大正6年、唐手研究会を結成。昭和9年、糸洲、東恩納両師の頭文字をとって「糸東流」を名乗り、その開祖となる。関西を中心に空手の普及に力を尽くす。

著書 『攻防自在　護身術空手拳法』(昭9)

『攻防自在唐手拳法　十八の研究』(昭9)

『攻防自在護身拳法空手道入門』(昭10)

津波　　清（つは　きよし・昭和19年〜）

京都教育大学卒。沖縄県教育委員会、沖縄平和祈念資料館副館長を経て、現在浦添市立図書館長。

沖縄小林流範士9段、沖縄県空手道連盟理事。浦添市空手道連盟理事長、伊祖武芸館館長。

著書 『沖縄小林流空手・古武術の研究』(2006・非売)

攻防自在 空手拳法 十八《セーパイ》の研究 復刻版

1934年10月25日　初版発行

2006年8月30日　復刻版発行

著作者　摩文仁賢和

発行者　武石　和実

発行所　榕樹書林

〒901-2211　沖縄県宜野湾市宜野湾3-2-2

TEL 098-893-4076　FAX 098-893-6708

郵便振替 00170-1-362904

Email:gajumaru@dh.mbn.or.jp

印刷・製本／でいご印刷

ISBN4-89805-121-9　C2075

・定価はカバーに記載してあります。